via reise verlag
NACHHALTIG REISEN

Florian Amon & Pavla Nejezchleba

W0382063

RADFAHREN MIT KINDERN

RUND UM BERLIN

Inhalt

Touren in und um Berlin

Schwierigkeitsgrad

● leicht ● mittel ● herausfordernd

Touren in Brandenburg

GPS-Tracks

Als Ergänzung zu den Karten im Buch könnt ihr die GPS-Tracks für alle Touren auf der Homepage des via reise verlags herunterladen. Damit lässt sich die Wegstrecke auf einem Smartphone oder einem anderen GPS-Gerät darstellen. Den Link und eine Kurzanleitung zur Verwendung der Dateien findet ihr bei den Informationen zum Buch: www.viareise.de.

Sachgeschichten

Auf dem Rad rund um Berlin

Brandenburg ist perfekt geeignet als Region, in der Kinder ihre Liebe für das Radeln und für das Auf-dem-Fahrrad-die-Welt-entdecken entwickeln können. Das Land ist meist flach, verfügt über ein großes Netz gut ausgebauter Radwege mit den entsprechenden Serviceangeboten und die Landschaft ist vielfältig. Mal radelt ihr durch die beeindruckenden Wasserlandschaften des Spreewalds, mal beobachtet ihr Frösche im ruhigen Moorgebiet des Biesenthaler Beckens. Am Finowkanal entdeckt ihr alte Industrie-Denkmäler. Auch Ausflüge im Stadtgebiet von Berlin lohnen sich: Wenn ihr Wasserbüffel am Tegeler Fließ beobachtet, vergesst ihr garantiert, dass ihr euch immer noch in der Hauptstadt befindet.

Damit eine Radtour mit Kindern zum Erfolg wird, muss man berücksichtigen, dass die Kleinen andere Bedürfnisse haben als die Großen. Darauf haben wir bei der Tourenplanung geachtet und ihr findet immer Hinweise zu Spielmöglichkeiten, Rastplätzen, kinderfreundlichen Restaurants und Sehenswürdigkeiten. Tipps für Eisdielen dürfen auf keinen Fall fehlen!

Um kindlicher Neugier zu begegnen, gibt es in diesem Buch zu jeder Tour eine passende Sachgeschichte. Die Texte decken dabei ein weites Spektrum ab: Geschichte, Persönlichkeiten, Natur, Technik und Urbanistik. Sie sind so geschrieben, dass Grundschulkinder sie verstehen können (▸ Übersicht auf Seite 4).

Die Autoren

Pavla Nejezchleba, Kinderbuchautorin und Ethnologin, reist gern und entdeckt neue Orte. Nach sechs Jahren in Berlin lebt sie seit Kurzem in Leipzig. **Florian Amon** war mehrere Jahre Lehrer in Berlin und beschäftigt sich aktuell mit Digitalisierung und Lehrkräftebildung an der Uni Potsdam. Seine Leidenschaften sind Wandern und Musik. Beide fahren mit ihren Kindern so oft wie möglich raus aus der Stadt in die Natur und erkunden das Umland.

Die Touren

Wir haben für euch 22 wunderschöne und abwechslungsreiche Touren ausgesucht. Sie sind in Berlin-nahe und etwas weiter entfernte Touren unterteilt, wobei die Ausgangs- und Endpunkte immer so gewählt wurden, dass sie mit Bahn oder S-Bahn zu erreichen sind. Bei der Auswahl zählte insbesondere, dass es spannende Ziele für die ganze Familie auf dem Weg gibt: saubere Badeseen, Naturschutzgebiete und Tiere, Wunderwerke der Technik, anschauliche Museen oder Aktivitätsangebote wie Barfußparks oder tolle Spielplätze. Ganz klar nach dem Motto „Der Weg ist das Ziel".

Schwierigkeitsgrade

Auf die Länge der Strecken, ihre Beschaffenheit und Verkehrslage haben wir besonders geachtet. Etwa die Hälfte der Touren ist maximal 15 km lang, also geeignet für Familien mit durchschnittlicher Kondition und mit kleinen Radlerinnen und Radlern. Darunter sind einige Touren oder Varianten, die auch absolute Anfänger gut meistern können. Die restlichen Touren liegen zwischen 15 und 22 km, einzelne längere Strecken bis zu 30 km richten sich an ambitioniertere Familien. Grundsätzlich achten wir auf eine Streckenführung, die möglichst auf baulich getrennten Radwegen, teils auf wenig befahrenen Nebenstraßen verläuft.

Für eine schnelle Orientierung haben wir die Touren in drei Schwierigkeitskategorien eingeteilt:.

Leichte Touren führen auf gut ausgebauten Radwegen und es gibt kaum Steigungen. Sie sind ein guter Einstieg für Anfänger auf dem Fahrrad. Zum Beispiel Tour 7 am Teltowkanal (9 km): Sie liegt nah, ist gut ausgebaut und es gibt drei Spielplätze in regelmäßigen Abständen, an denen man schön Rast machen kann.

Mittlere Touren sind meist zwischen 13 und 20 km lang und es gibt Abschnitte, für die etwas mehr Erfahrung benötigt wird: etwa bei sandigem Untergrund oder auf engen Wegen mit viel Radverkehr.

Herausfordernde Touren erfordern mehr Ausdauer und auch mehr Radfahr-Sicherheit. Es sind meist längere Strecken, die auch mal auf unbefestigten Wegen oder auf etwas stärker befahrenen Straßen verlaufen.

Die allermeisten Strecken verlaufen auf Radwegen weit weg vom Autoverkehr

Abschnitte auf Straßen & Sicherheit

Ganz und gar lassen sich Abschnitte auf Straßen leider nicht vermeiden. Im Text wird extra darauf hingewiesen. Wo es Alternativen gibt, beschreiben wir sie, und zumindest findet ihr immer die Information, ob ein Gehweg für Kleinkinder zur Verfügung steht. **Hinweis:** Gesetzlich müssen Kinder bis zum vollendeten achten Lebensjahr mit dem Fahrrad auf dem Gehweg (oder Radweg) fahren, bis zum vollendeten zehnten Lebensjahr dürfen sie den Gehweg noch benutzen. Eine begleitende erwachsene Person darf dann auch auf dem Gehweg fahren.

Wir haben die Touren auch mit dem **Fahrradanhänger** ausprobiert und weisen darauf hin, falls es irgendwo Abschnitte gibt, die nicht oder nur sehr schwer mit dem Anhänger machbar sind.

Fahrzeiten

Mit Kindern weiß man nie, wie lange eine Tour letztlich dauern wird. Die angegebenen Fahrzeiten sind ohne Pausen, nehmt sie also nur als Orientierung oder als Minimum. Je nach Kindesalter und Kondition kann die wirkliche Dauer deutlich variieren. Genug Zeit muss auch für Rast und Einkehr, fürs Toben und Besichtigungen, Aktivitäten oder Baden eingeplant werden. Im Zweifelsfall rechnet mit doppelt oder dreimal so viel Zeit. Falls ihr es noch nicht einschätzen könnt, probiert es zuerst mit leichten, kurzen Strecken, die gut mit der Bahn erreichbar sind.

Ausrüstung

Notwendig sind natürlich ein **verkehrssicheres Fahrrad** und ein **Fahrradhelm** (auch im Fahrradanhänger). Zum Fahrrad gehören zwei Bremsen, Lichtanlage, Reflektoren und Klingel. Auch Werkzeug für einfache Reparaturen solltet ihr mitnehmen.

Je nach Saison, Wetter und natürlich Alter der Kinder entscheidet sich, was ihr sonst noch für die Radtour braucht: genügend **Ersatz- oder Regenkleidung,** eine kleine **Reiseapotheke,** im Sommer **Badesachen und Sonnencreme.** Besonders bei den Touren durch Moor- oder Auenlandschaften empfiehlt sich ein **Mückenspray.** Falls ihr mit Kindern im Anhänger unterwegs seid, denkt an Spielsachen.

Wo geht's zum nächsten Abenteuer?

Ganz wichtig für den Erfolg jedes Ausflugs ist, dass niemand Durst oder Hunger leidet. Auf einer Radtour können die Kräfte – und damit auch die Motivation und Laune – schnell runtergehen, also habt immer etwas **Proviant und genug zu trinken** dabei, am besten auch Müsliriegel oder Schokolade für den schnellen Energieschub. Egal wohin es euch verschlägt, wir haben versucht, für jede Tour eine familienfreundliche Einkehrmöglichkeit zu finden. Es empfiehlt sich aber immer, besonders im Winter, zur Sicherheit vorher telefonisch die Öffnungszeiten zu erfragen. Häufig findet ihr auf dem Weg aber auch schöne und ruhig gelegene Ecken für ein Picknick.

Checkliste Fahrradtour

Vorab klären

- **Ist mein Fahrrad verkehrstüchtig?**
  Eine Übersicht findet man unter www.adfc.de.
  Der ADFC Brandenburg bietet im Frühjahr und Herbst an verschiedenen Orten auch einen kostenlosen Fahrrad-Check.

- **Fahren alle Bahnen?**
  Vor der Tour sicherheitshalber noch einmal die aktuellen Fahrpläne im Internet oder telefonisch abfragen, ob keine Beeinträchtigung des Nahverkehrs vorliegt.

- **Haben die Ausflugsgaststätten geöffnet?**
  Auch hier kann ein Anruf im Vorfeld Frust und Hunger ersparen.

Nicht vergessen

- **Fahrradhelme (auch im Fahrradanhänger erforderlich)**

- **Werkzeug**
  Flickzeug, Luftpumpe, eventuell Ersatzschlauch

- **Kleidung für jede Wetterlage**
  Nicht nur an Regen-, sondern auch an Sonnenschutz denken, Badesachen und Sonnencreme, Mückenschutz!

- **Erste-Hilfe-Set/Kleine Reiseapotheke**

- **Proviant**
  Ausreichend Flüssigkeit und etwas zu essen. Für den schnellen Energie- und Motivationsschub am besten immer Müsliriegel oder Schokolade dabeihaben.

Info-Adressen für Radfahrer

- Hier gibt es Auskünfte für Radausflügler und Radreisende:

ADFC Landesverbände
LV Berlin
Yorckstraße 25
10965 Berlin
(0 30) 4 48 47 24
www.adfc-berlin.de

LV Brandenburg
Gutenbergstraße 76
14467 Potsdam
(03 31) 2 80 05 95
www.brandenburg.adfc.de

Bett & Bike
Netzwerk von Unterkünften und Service-Angeboten für Radfahrer*innen
www.bettundbike.de

Informations- & Buchungsservice, spezielle Homepage zum Thema Radfahren:
www.radeln-in-brandenburg.de

Anfahrt mit Bahn und S-Bahn

Start und Ziel aller Radtouren sind mit öffentlichen Verkehrsmitteln erreichbar, die Verbindungen sind jeweils angegeben. Doch solltet ihr unbedingt vorher prüfen, ob die Bahnen auch tatsächlich fahren! Informationen unter www.vbb.de oder in der App der Deutschen Bahn (DB Navigator).

Mit dem Fahrrad in S- & Regionalbahnen

Bestimmte Abteile sind für Fahrräder vorgesehen und außen mit einem Fahrradsymbol gekennzeichnet. Räder dürfen aber nur dann mit, wenn genügend Platz ist. Einige Bahnstrecken sind – besonders an sonnigen Wochenenden und während der Ferien – sehr beliebt und es kann morgens und abends leider sehr voll und stressig werden (zum Beispiel Richtung Spreewald oder Wandlitz). Es empfiehlt sich dann, auf eine Tour auszuweichen, die mit der S-Bahn erreichbar ist. Oder wählt eine sehr frühe Zugverbindung.

Tickets

Hier muss man unterscheiden zwischen Fahrten ins Berliner Umland (Tarifbereich Berlin ABC), und solchen zu entfernteren Zielen in Brandenburg. In beiden Fällen gilt, dass man für die Beförderung eines Fahrrads zusätzlich eine Fahrradkarte kaufen muss.

Touren ins Berliner Umland (Tarifbereich ABC)

Ticket	AB	BC	ABC
Einzelfahrschein/ ermäßigt*	3,00/1,90 €	3,50/2,40 €	3,80/2,70 €
24-Std.-Karte/ ermäßigt*	8,80/5,60 €	9,20/5,90 €	10,00/6,10 €
24-Stunden-Karte Kleingruppe	25,50 €	26,00 €	26,50 €
Fahrradkarte Einzelfahrschein	2,10 €	2,40 €	2,70 €
24-Stunden-Karte Fahrrad	5,00 €	5,40 €	5,60 €
Fahrradmonatskarte	11,50 €	nur AB	14,50 €

*Der ermäßigte Fahrpreis gilt für Kinder von 6 bis 14 Jahren. Stand: Feb. 2022

Fahrscheine sind an den BVG- und S-Bahn-Automaten oder -schaltern erhältlich, am einfachsten geht es meist über die VBB- oder DB-App. Wer eine Monatskarte/Umweltkarte für den Tarifbereich Berlin AB besitzt, muss für den Tarifbereich ABC lediglich einen Anschlussfahrschein zu 1,80 Euro (ermäßigt 1,40 Euro*) lösen sowie zusätzlich eine Fahrradkarte. Berliner Schüler*innen mit Schülerticket fahren damit im AB-Bereich kostenlos und dürfen ein Fahrrad mitnehmen. Für den C-Bereich brauchen auch sie einen Anschlussfahrschein. Ab drei Personen lohnt sich eine Kleingruppenkarte (für bis zu fünf Personen).

Touren in Brandenburg

Ticket	VBB-Gesamtnetz
Einzelfahrschein	je nach Entfernung [1]
Tageskarte	23 €
Brandenburg-Berlin-Ticket [2]	33 € (am DB-Automaten/Internet) 35 € (am Schalter)
Fahrradkarte Einzelfahrschein	3,60 €
24-Stunden-Karte Fahrrad	6 €
Fahrradmonatskarte	23,50 €

[1] Mit BahnCard 25/50 gilt der ermäßigte Tarif

[2] Gilt für bis zu fünf Personen (zusätzlich fahren bis zu drei Kinder bis 14 Jahre kostenlos mit, es müssen nicht die eigenen sein) werktags von 9 Uhr bis 3 Uhr des Folgetags, am Wochenende ab 0 Uhr.

Hier richten sich die Preise nach der Länge der Strecke. Der ermäßigte Tarif gilt mit Bahncard sowie für Kinder von 6 bis 13 Jahren, noch jüngere reisen kostenlos. In vielen Fällen ist schon ab zwei Personen das Brandenburg-Berlin-Ticket die beste Option. Ansonsten ist meist die Tageskarte die beste Wahl. Beide Tickets schließen die Rückfahrt ein und man vermeidet so auf dem Rückweg lange Schlangen an den Fahrkartenautomaten (sofern es welche gibt!). Ticketkäufe über die VBB- oder DB-App sind praktisch, beachtet aber, dass dafür das Handy aufgeladen sein muss!

Buch – Liepnitzsee (oder weiter bis Bernau)

1 Große Tiere, große Steine und der große Plan von James Hobrecht

Start	Ziel	Länge	Fahrzeit	Schwierigkeit
S-Bhf. Berlin-Buch	Bhf. Wandlitz (Bhf. Bernau)	18 km (26,5 km)	2,5 Std. (4 Std.)	● mittel (● herausfordernd)

Lasst euch für diese Tour genug Zeit! Die Landschaft rund um das Gut Hobrechtsfelde ist einzigartig und ihre Geschichte ist spannend. Auf den früheren Rieselfeldern, die nach dem Plan von James Hobrecht das Berliner Abwasser klärten, weiden heute Wildpferde und imposante Großrinder, denen man sehr nahe kommen kann. Zu Gedankenspielen und Interpretationen regen die einfallsreichen Kunstwerke des Projekts „Steine ohne Grenzen“ an, denen man auf Schritt und Tritt begegnet. Und schließlich liegen mitten im Wald noch Reste der Mauern, hinter denen einst die Privilegierten des DDR-Regimes residierten. Am Ende erwartet euch der Liepnitzsee mit seinem kühlen, glasklaren Wasser!

Wie geht's weiter? Große Lagebesprechung unterm Wegweiser

Infos zur Tour

Anfahrt
S-Bhf. Berlin-Buch (S2 von Berlin-Gesundbrunnen, oft, 25 Min.)

Rückfahrt
Bahnhof Wandlitz (RB27 nach Berlin-Karow, dann S2, stündlich, ca. 45 Min.)
Hinweis: An sonnigen Wochenenden/Feiertagen sind die Züge oft sehr voll.
Variante: Bahnhof Bernau (S2 nach Berlin-Gesundbrunnen, alle 20 Min., 30 Min. oder RE3, stündlich, 15 Min.)

Streckenverlauf
S-Bhf. Berlin-Buch – Hobrechtsfelde – Gorinsee – Basdorf – Liepnitzsee – Wandlitz

Variante
Rückfahrt vom Liepnitzsee bis nach Bernau bei Berlin

Streckencharakteristik
Der Weg führt zuerst durch Mischwald, weiter über Hobrechtsfelde auf breiten Wegen mit wenig Schatten – dafür aber mit Tieren zum Beobachten. Ab dem Gorinsee geht es wieder durch Wald bis zum Liepnitzsee.
Gut ausgebauter Weg, zwischen Gorin- und Liepnitzsee leicht auf und ab.

Beschilderung
Gut markierter Radweg

Spielplätze
Auf dem Gut Hobrechtsfelde

Baden
Badestelle am Gorinsee

Waldbad Liepnitzsee
Am Liepnitzsee · Apr.–Okt. witterungsabhängig tgl. 10–19 (bewachter Strand 11–18 Uhr) · Eintritt: 4 € / Kinder bis 16 Jahre 2 € · Bootsverleih: 6–10 € pro Std. je nach Bootstyp

Besichtigungen
Gut Hobrechtsfelde
Hobrechtsfelder Dorfstraße 45 · 16341 Panketal OT Hobrechtsfelde · (01 75) 7 60 44 16 · www.barnim-naturpark.de · Apr.–Okt. Sa/So/Fei 10–16 Uhr
Im Besucherzentrum Ausstellung zu den ehemaligen Rieselfeldern und zur heutigen geschützten Erholungslandschaft, Streichelzoo, Spielplatz und Biergarten.

Einkehren
Knobold · Hobrechtsfelde
Hobrechtsfelder Dorfstraße 32 · 16341 Panketal · Sa/So 11–18 Uhr
Großer Garten zum Entspannen mit einer Kleinigkeit zum Naschen, ob Eis, leckere hausgemachte Kuchen, ein Tagesgericht oder die Spezialität dieses Imbiss: Knoblauchbaguette.

Imbiss Seepicknicker · Am Liepnitzsee
neben dem Waldbad · Mai–Okt. tgl. ab 11 Uhr, außer es regnet wie aus Eimern
Ein Gartengelände mit zwei Imbissständen: einer bietet einfache asiatische Gerichte, der andere Getränke, Kuchen, Eis und Kleinigkeiten wie Pommes oder Wurst.

km 0–4 Von Berlin-Buch nach Hobrechtsfelde

Vorm Bahnhofsgebäude in Berlin-Buch schlagt ihr den Weg nach links auf die Hauptstraße (Wiltbergstraße) ein. Der Fahrradweg verläuft hier direkt auf der Straße. Kleine Radlerinnen und Radler können den Gehweg nutzen. Kurz radelt ihr noch zwischen den Häusern von Buch hindurch, dann seid ihr schon vom **Bucher Forst** umgeben und biegt auf dem Radweg rechts in den Wald ab, ausgeschildert Richtung Wandlitz und Gorinsee.

Ruhig geht es auf dem festen Waldweg durch den Mischwald. Immer wieder tauchen zwischen den Bäumen interessante Stein- und Holzskulpturen auf. Sie stammen aus dem internationalen Bildhauerei-Projekt **Steine ohne Grenzen,** das auf einer Idee des jüdischen Bildhauers Otto Freundlich basiert und sich für Frieden und Menschlichkeit einsetzt. Die Kunstwerke sind in Berlin und Brandenburg verteilt.

Wenn ihr aus dem Wald herausfahrt, breitet sich vor euch die Landschaft der ehemaligen **Rieselfelder** aus. Wiesen, Wälder, kleine Teiche und Fließe prägen die Gegend. Der Radweg, der jetzt asphaltiert ist und entlang einer Nebenstraße führt, bringt euch in den malerischen Ort **Hobrechtsfelde.** Schon von Weitem könnt ihr den imposanten historischen **Kornspeicher** sehen. Hier befindet sich das **Besucherzentrum,** wo man eine Zeitreise von der Anlage

Im alten Kornspeicher von Hobrechtsfelde ist heute das Besucherzentrum

Wandlitz
Wandlitzsee
Wandlitz-see
B 109
Wandlitz
Ützdorf
Lanke
A 11
Waldbad
Seepicknicker
Liepnitz-see
B 273
Waldsiedlung
Lobetal
Wandlitzer Chaussee
Lade-burg
A 11
Gorin-see
Gorinsee
Bernau
Schönow
Bernau
Panke
Knobold
Hobrechts-felde
Bernau-Friedenstal
Kornspeicher
ehem. Rieselfelder
Zepernick
Zepernick
Röntgental
Panke
Buch
Buch
N
1000 m
A 10
Karow

der Rieselfelder bis zur Umgestaltung in die heutige, waldgeprägte Erholungslandschaft machen kann. Auf dem Gelände befinden sich auch ein **Spielplatz,** ein Streichelzoo und ein Biergarten.

km 4–12,5

Von Hobrechtsfelde nach Basdorf

Ihr fahrt weiter auf dem Radweg an vielen weißen Häusern mit blauen Fensterläden vorbei, später zwischen breiten Viehweiden hindurch. Bald biegt der Radweg nach Gorinsee links ab, weg von der Straße, und ihr folgt ihm mitten durch die ruhige Landschaft. In Gehegen könnt ihr Rinder oder Wildpferde beobachten und entlang des Weges weitere Steine ohne Grenzen entdecken. Nehmt euch Zeit, um die Ruhe und Natur zu genießen.

Hinter einem Bauernhof wird der Weg zu einer kaum befahrenen Straße, bis ihr zu einer Kreuzung mit der Landstraße L 30 kommt. Dahinter versteckt sich schon der **Gorinsee.** Der See mit einem sandigen Strand und einem Gasthaus am Ufer befindet sich hinter dem Parkplatz links von euch. Mit seinem recht flachen Wasser bietet er Kindern sehr gute Möglichkeiten zum Toben. Wer lieber gleich zum höchst beliebten Liepnitzsee möchte, fährt weiter geradeaus, vorbei an einem Campingplatz.

Der Radweg nach Wandlitz ist ausgeschildert und geht durch den **Wald Basdorf.** Drei Kilometer lang fahrt ihr immer geradeaus durch den überwiegend von Kiefern geprägten Wald, danach schlängelt sich der Weg leicht bis zum Dorfrand von **Basdorf.** Ein großer, überdachter Rastplatz bietet die Möglichkeit zur Pause. Wobei die Heidelbeer- und Brombeersträuche am Weg die Kinder sicherlich mehr locken.

km 12,5–16

Von Basdorf zum Liepnitzsee

Ab Basdorf ist der Radweg asphaltiert, starke Baumwurzeln haben allerdings viele Rüttelschwellen aufgeworfen. Es geht leicht bergab, bis ihr zu einer Gabelung kommt. Die etwas zugewachsene Markierung zeigt nach rechts. Gleich geht es wieder leicht bergauf. An der rechten Seite zwischen den Bäumen könnt ihr die Reste einer Mauer sehen. Zwischen 1960 und 1989 verbarg sich hinter dieser Mauer das luxuriöseste Leben, das es in der DDR gab: In der abgeschotteten und gut bewachten **Waldsiedlung Wandlitz** wohnten ausschließlich Mitglieder des Politbüros der SED. Zur Verfügung standen ihnen unter anderem Schwimmbad, Sauna und Sportplatz,

Großes Blau in weitem Grün – der paradiesische Liepnitzsee

ein Kino, eine Gaststätte, eine Poliklinik und ein Ladenkombinat mit Waren aus West-Berlin. Trotzdem wirkte alles kleinbürgerlich und bieder und ist mit heutigen Vorstellungen von echtem Luxus nicht zu vergleichen. Nach der Wende wurde die Siedlung zum Reha-Klinikum und zu Familienhäusern umgebaut. Falls ihr die Siedlung besuchen wollt, nehmt kurz vor der Hauptstraße den Waldweg nach rechts.

Die Radtour führt über die Hauptstraße (Wandlitzer Chaussee), wo sich ein Parkplatz und ein Imbiss befinden. Ihr fahrt rechts und folgt der Markierung in Richtung Waldbad Liepnitzsee/Bernau. Der Weg ist von der Straße durch ein Geländer getrennt. Nach etwa 150 Metern biegt ihr links ab und erreicht eine große Kreuzung **(Knotenpunkt 58)**. Sie ist wichtig für den Rückweg, denn links geht es hier nach Wandlitz, rechts nach Bernau und geradeaus zum See (alles gut markiert).

Spätestens hier solltet ihr überlegen, welchen Ort zum Baden ihr diesmal ausprobieren wollt. Falls ihr zum südlichen Ufer des Sees wollt, biegt ihr in den ersten Waldweg rechts ab. Er ist zuerst befestigt und mit breiten Platten belegt, später eher sandig.

Falls ihr das **Waldbad Liepnitzsee** oder die dortigen Imbissbuden bzw. das nördliche Ufer des Sees erreichen wollt, fahrt weiter geradeaus und erst an der nächsten Gabelung rechts. Ihr solltet euch jedenfalls darauf einstellen, dass die Wege an (beiden) Seeufern oft sandig oder wurzelig sind. Da muss ab und zu auch geschoben werden.

Wenn ihr erst mal im Wasser planscht, könnt ihr euch vorstellen, wie der See in der letzten Eiszeit aus Toteis entstand (mehr dazu ▸ Seite 27).

km 16–18 **Vom Liepnitzsee nach Wandlitz**

Für den Rückweg fahrt ihr zurück zu Knotenpunkt 58 und folgt der Beschilderung Richtung Wandlitz. Es geht einen Kilometer auf einem geteerten Geh- und Radweg mitten durch den Wald bis zum Waldhotel am Ortsrand. Bis zum **Bahnhof Wandlitz** sind es jetzt nur noch 800 Meter, unter den Ahornbäumen die Bernauer Chaussee entlang (oder daneben auf dem Gehweg). Um zum Bahnsteig zu kommen, müsst ihr die Gleise überqueren und gleich danach links.

Achtung: Der Zug ist an sonnigen Wochenenden oft mit Fahrgästen und Kinderwagen überfüllt und die haben vor Fahrrädern Vorrang. Wenn die Kräfte es zulassen, empfiehlt es sich, zur S-Bahn nach Bernau zu fahren.

Variante: Weiterfahrt zum S-Bahnhof Bernau

km 16–26,5 **Vom Liepnitzsee nach Bernau**

Ob ihr via Bernau zurückfahren wollt, entscheidet ihr am besten schon am Liepnitzsee, denn der Weg führt dann vom Knotenpunkt 58 in die entgegengesetzte Richtung. Laut Wegweiser sind es 10 Kilometer, allerdings verlaufen diese auf gut ausgebauten und markierten Radwegen. Zunächst geht es im Laubwald leicht bergauf. Ihr passiert Knotenpunkt 33, bald danach verläuft der Radweg neben der Wandlitzer Chaussee, von ihr getrennt durch einen Gras- oder Baumstreifen. Die Markierung führt euch entlang der Oranienburger Straße und Mühlenstraße bis zum **Bernauer Stadttor.** Ihr könnt euch nun durch das Stadtzentrum schlängeln oder, einfacher, rechts entlang der Stadtmauer fahren. Durch den Stadtpark und über die Straße An der Stadtmauer erreicht ihr die Alte Goethestraße. Dort biegt ihr rechts ab und stoßt auf die Breitscheidstraße, wo links schon das Bahnhofsgebäude zu sehen ist.

Was hat Gut Hobrechtsfelde mit den Berliner Klos zu tun?

Ende des 19. Jahrhunderts war Berlin die siebtgrößte Stadt der Welt. Es herrschten sehr schlechte hygienische Zustände. Für die rund zwei Millionen Einwohner gab es nur 16000 Wassertoiletten. Das Abwasser lief dazu noch einfach auf die Straßen oder in die Flüsse. So konnten sich schlimme Krankheiten ausbreiten wie die Cholera. Da entwickelte der Bauingenieur James Hobrecht einen Plan. Er baute eine Kanalisation, die das Abwasser Berlins an bestimmten Stellen sammelte und pumpte es von dort aus der Stadt heraus. Weit weg von der Stadt wurde das Abwasser dann gereinigt und auf den Feldern verteilt. Diese sogenannten Rieselfelder wurden für Landwirtschaft benutzt.

Genau das passierte in Hobrechtsfelde, das natürlich nach James Hobrecht benannt ist. 1898 wurden die ersten Ländereien erworben, acht Jahre später wurden sie auf 976 Hektar vergrößert und der Bau des landwirtschaftlichen Gutes begann. Der Ort verfügte nicht nur über Arbeiterhäuser, sondern auch über eine Schule, eine Kita und ein Gemeinschaftshaus. Bis 1922 kamen eine Schlachterei dazu, eine Molkerei und ein Sägewerk. Auf den Rieselfeldern wurden Getreide, Kartoffeln und Gemüse geerntet. Aber wegen des sandigen Bodens war die Ernte nie sehr hoch. Dazu kam später die Sorge, dass der Boden durch Schwermetalle aus der Kanalisation belastet sein könnte. Deswegen endete 1985 die Geschichte der Rieselfelder und es begann eine neue: die Geschichte der Waldweide. Man pflanzte Bäume und förderte den Naturschutz. Heute ermöglicht die Mischung von offener Weidelandschaft und Wald biologische Vielfalt und bietet auch dir und deiner Familie Erholung.

Bernau – Biesenthal

2 Vom Gletscher geformt: Hügel und Seen im Biesenthaler Becken

Start	Ziel	Länge	Fahrzeit	Schwierigkeit
Bhf. Bernau (Bhf. Rüdnitz)	Bhf. Biesenthal	15 km (12 km)	2 Std. (1,5 Std.)	● leicht

Mittelalterliches Stadtbild in Bernau, Blumenwiesen, Getreidefelder, Pferde- und Kuhweiden, dichter Nadelwald und kleine Seen: Auf dieser Tour wird fast alles geboten. Sie führt auf baulich getrennten Radwegen und kaum befahrenen Nebenstraßen durch die sanften, grünen Hügel der eiszeitlich geprägten Landschaft des Biesenthaler Beckens. Am Mechesee in Lobetal findet ihr eine familienfreundliche, ruhige Badestelle, in Bernau und in Biesenthal bieten zwei weitläufige, kreative Spielplätze zusätzliche Anreize für die Kinder. Wenn ihr mit sehr kleinen Kindern komplett auf baulich getrennten Wegen fahren möchtet, könnt ihr die kürzere Variante ab Rüdnitz wählen.

Idyllisch im Grünen liegt Biesenthal

Infos zur Tour

Anfahrt

Bahnhof Bernau (RE3 ab Berlin Hbf, stündlich, 20 Min. oder S2 ab Berlin-Friedrichstraße, alle 20 Min., 36 Min.)
Variante: Bahnhof Rüdnitz (RB24 von Berlin-Ostkreuz, einzelne Züge starten in Lichtenberg!, stündlich, 30 Min.)

Rückfahrt

Bahnhof Biesenthal (RB24, stündlich, 31 Min. nach Berlin-Ostkreuz)

Streckenverlauf

Bernau (oder Rüdnitz) – Lobetal – Langerönner Mühle – Biesenthal

Abstecher

Nach Lobetal hinein

Streckencharakteristik

Sehr idyllisch und abwechslungsreich, meist auf breiten, asphaltierten Wegen. Vor Lobetal 2 km auf einer Nebenstraße, hier teils wenig Schatten. Etwas hügelig.

Beschilderung

Berlin-Usedom-Radweg (größtenteils)

Spielplätze

Im Stadtpark Bernau, in Rüdnitz, Spielplatz Waldlicht in Biesenthal

Baden

Badestelle am Mechesee

Strandbad Wukensee
Ruhlsdorfer Straße 41 · 16359 Biesenthal · (01 62) 7 71 29 69 · Mai–Sep. ab 9 Uhr · 3 €/1,50 €, Familien 8 €
Idyllisch gelegenes Strandbad mit Karibikfeeling, das für Kinder flachen Einstieg, eine kleine Wasserrutsche und ein Piratenschiff bietet. Den Nachmittag kann man gut auf der Terrasse des Cafés ausklingen lassen.

Einkehren

Café Mühle · Bernau
Mühlenstraße 4–6 · 16321 Bernau · (0 33 38) 3 98 40 · Do–Di 9–18 Uhr
www.cafemuehle-bernau.de
Gemütliches kleines Café mit Außenbestuhlung direkt in der Innenstadt. Leckere hausgemachte Kuchen, Kinder lieben auch die frischen Waffeln. Ein Hochstuhl ist vorhanden, leider keine ausgewiesene Wickelmöglichkeit.

Touristentreff Alte Schmiede · Lobetal
An der Schmiede 2 · 16321 Bernau OT Lobetal · (0 33 38) 6 64 35 ·
Mo–Fr 15–17, Sa/So 14–18 Uhr
Im liebevoll renovierten, alten Backsteingebäude verkaufen Ehrenamtliche bei heimeliger Atmosphäre leckeren Kuchen, Filterkaffee sowie Eis (auch ein kleines) zu äußerst günstigen Preisen. Terrasse und Wickelmöglichkeit vorhanden.

Café Kaiserliches Postamt · Biesenthal
Bahnhofstraße 92 · 16359 Biesenthal · (0 33 37) 4 58 98 22 · www.kaiserliches-post-cafe.de · Mi–Fr 11.30–18, Sa/So 13–18 Uhr
Am Ziel gibt es im schick renovierten Gebäude von 1887 himmlische, selbst gebackene Kuchen. Wer noch spontan ein Souvenir braucht, wird hier auch fündig. Aber nicht den Zug verpassen!

km 0–1 Vom Bahnhof durch die Altstadt von Bernau

Nach der Ankunft am Bahnhof der hübschen Kleinstadt **Bernau** folgt ihr zunächst der Beschilderung des **Radwegs Berlin-Usedom.** Wendet euch also an der Breitscheidstraße links, um kurz danach rechts in die Alte Goethestraße einzubiegen. Weiter geht es am Ende der Straße links in die Berliner Straße. Die übernächste Möglichkeit rechts führt euch durch die Fußgängerzone im Zentrum. Beachtet, dass die Durchfahrt für Fahrräder nicht an jedem Wochentag erlaubt ist und achtet unbedingt auf Fußgänger. Es lohnt aber auch der Spaziergang über den Markt (Di/Do/Sa).

Haltet euch an der Kirche St. Marien halb links auf der Mühlenstraße, vorbei am gemütlichen **Café Mühle.** So gelangt ihr durch das **Mühlentor** in den ehemaligen Befestigungsgraben, heute **Stadtpark.** Links unterhalb im weitläufigen Park findet ihr einen riesigen, abwechslungsreichen **Spielplatz** mit Seilrutsche und Türmen zum Erklimmen. Auch der **Eisladen** ist nicht weit (hinter dem nächsten Parkausgang in der Berliner Straße).

Bernau

Gleich nördlich an Berlin grenzt die 40 000 Einwohner Stadt Bernau. Ihre bewegte Geschichte spiegelt sich noch im Stadtbild. Altstadtgassen laden zum Spazieren ein, ebenso wie der Park entlang der fast komplett erhaltenen, mittelalterlichen **Stadtmauer.** Immer wieder werden die Altbauten unterbrochen von Plattenbauten, die ab den 1970er-Jahren errichtet wurden. Einen Besuch wert ist die evangelische **Stadtkirche St. Marien** – ein spätgotischer Bau, der bis heute das Stadtbild dominiert.

km 1–6 Vom Bernauer Stadtpark nach Lobetal

Unsere Tour geht an der nächsten Ampel rechts auf dem Fahrradweg vor (!) der Bundesstraße weiter. Ihr folgt der Beschilderung Richtung Biesenthal. Wenn ihr an der nächsten Kreuzung (Ärztehaus Rollbergeck) links abbiegt, seid ihr auf dem gut ausgebauten Radweg Berlin–Usedom, der entlang der Straße durch **Ladeburg** führt. Etwa 400 Meter hinter der **Feldsteinkirche** aus dem 13. Jahrhundert biegt die Route rechts in den Biesenthaler Weg ab.

Die nächsten zwei Kilometer verlaufen auf einer Nebenstraße, die auch von Autos befahren wird. Bauliche Maßnahmen verlangsamen erfolgreich den Verkehr, trotzdem solltet ihr mit euren Kin-

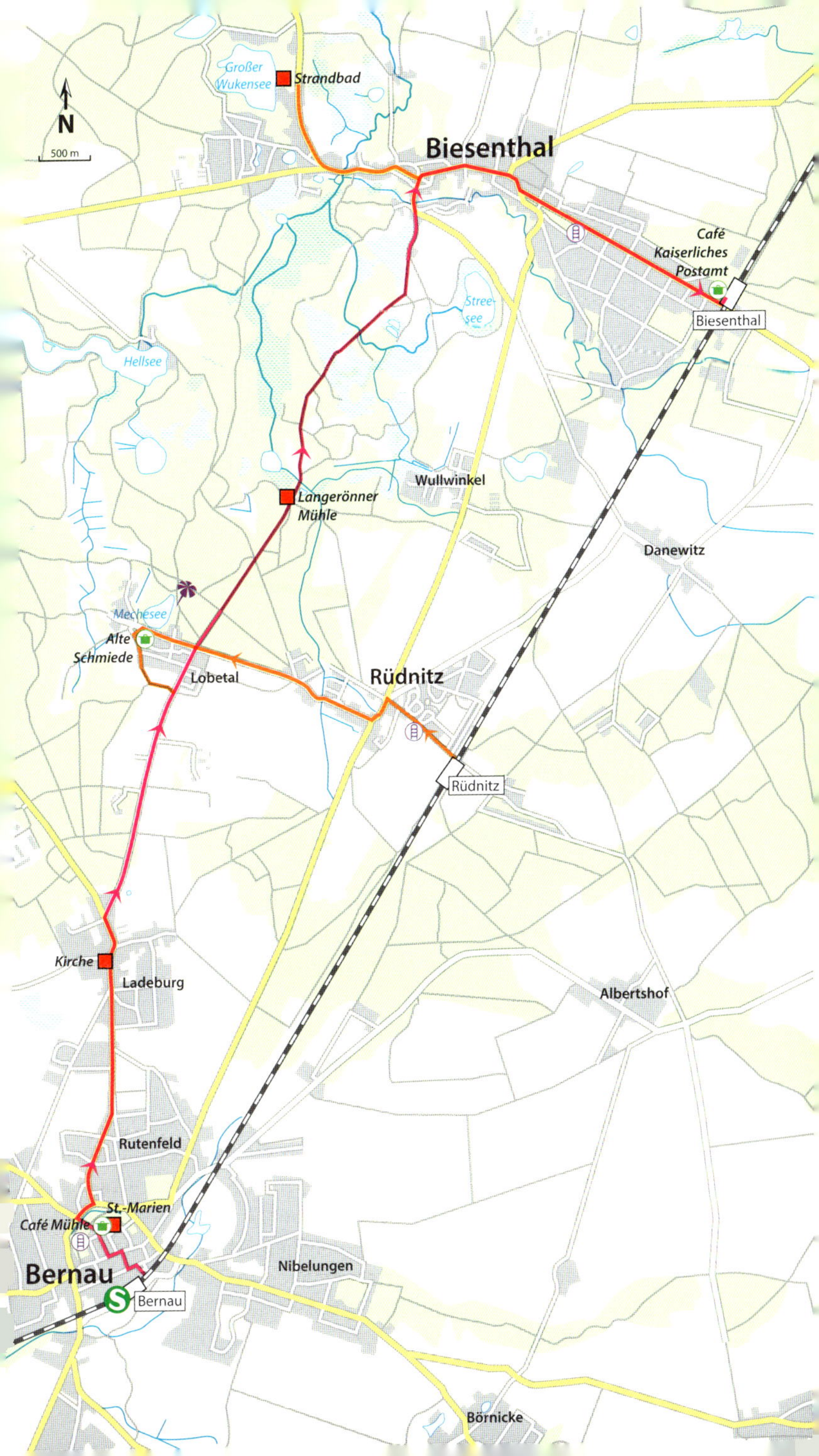

N
500 m
Großer Wukensee
Strandbad
Biesenthal
Café Kaiserliches Postamt
Biesenthal
Stree-see
Hellsee
Wullwinkel
Langerönner Mühle
Danewitz
Mechesee
Alte Schmiede
Lobetal
Rüdnitz
Rüdnitz
Kirche
Ladeburg
Albertshof
Rutenfeld
St.-Marien
Café Mühle
Bernau
Nibelungen
Bernau
Börnicke

dern vorsichtig sein. Vorbei an Pferdekoppeln und Blumenwiesen, gesäumt von etlichen Windrädern, gelangt ihr nach **Lobetal.**

Abstecher nach Lobetal

Während der Radweg Berlin-Usedom geradeaus weiterführt, schlagen wir einen kleinen Schlenker durch Lobetal vor. Der Weg verlängert sich dabei höchstens um einen Kilometer. Biegt vor dem Ortseingang links in den Kirschbergweg ein. Ihr gelangt zum **Café Alte Schmiede** sowie direkt zum Dorfplatz. Hier könnt ihr unter der Woche Snacks im Milchladen (Mo–Fr 9–14, Di bis 17 Uhr) kaufen – darunter auch eine Mische: eine Joghurtmischung aus zwei Sorten von der lokalen Molkerei. Den Dorfplatz verlasst ihr rechts wieder über die Bodelschwinghstraße. Die Tour führt fast direkt am **Mechesee** vorbei: über die Bethelstraße gelangt ihr auf einem kleinen Weg zu einer idyllisch gelegenen, flachen Badestelle.

Lobetal

Eine parkähnliche, grüne Oase: Die verkehrsberuhigten Straßen sind barrierefrei und von Bäumen gesäumt. Der Ort ist stark geprägt von der **Hoffnungstaler Stiftung Lobetal,** die hier umfangreiche soziale Einrichtungen, u. a. für Menschen mit Behinderung und Senioren, unterhält. Gegründet wurde Lobetal bereits 1905 mit dem Ziel, Arbeits- und Obdachlosen aus Berlin zu helfen.

In den Einrichtungen der Stiftung wird eine Politik der offenen Tür praktiziert: Mittags ist etwa die Einkehr in die Kantine möglich (Beschilderung „Restaurant“). Am Nachmittag bietet die einfache, aber geschmackvoll umgebaute „Alte Schmiede“ Kaffee, Kuchen und Eis. Der Betrieb wird von Ehrenamtlichen betreut. Unter der Woche wird im Laden der Molkerei neben Milchprodukten auch Brotzeit angeboten.

Kürzere Variante von Rüdnitz auf baulich getrennten Radwegen

km 0–3 **Von Rüdnitz nach Lobetal**

Falls ihr mit euren Kindern lieber nur auf baulich getrennten Wegen fahren wollt, nehmt ihr die Regionalbahn 24 und steigt eine

Die Alte Schmiede in Lobetal ist eine sympathische Einkehrmöglichkeit

Station hinter Bernau am **Bahnhof Rüdnitz** aus. Von dort fahrt ihr entlang der Landstraße in Richtung Ortszentrum. Links kommt ihr an einem abwechslungsreich gestalteten **Spielplatz** mit riesiger Sandfläche vorbei, der sogar über spezielle Geräte für Kleinkinder verfügt. Am Kreisverkehr biegt ihr links ab, vorbei an der beliebten Gaststätte **Zum Spilling** mit ihrem kleinen, schattigen Biergarten.

Vor der evangelischen Kirche – einer Feldsteinkirche mit Ursprüngen im 13. Jahrhundert – biegt ihr rechts in Richtung Biesenthal ab. Entspannt gelangt ihr auf dem neu gebauten Radweg parallel zur Landstraße nach **Lobetal.** Zum Dorfplatz geht es einfach geradeaus in das Dort hinein (das Café Alte Schmiede ist dann links). Unsere Tour jedoch führt direkt am Ortseingang nach rechts in den Wald. Ihr könnt nun der Wegbeschreibung ab Kilometer 6 folgen.

Von Lobetal nach Biesenthal

km 6–11,5

Weiter in Richtung Biesenthal führt unsere Route am Ortsausgang links auf dem geteerten Weg in den Wald. Perfekt ausgebaut und leicht hügelig geht es abwechslungsreich an Lichtungen und Teichen vorbei, der typischen Landschaft des Biesenthaler Beckens. Auf dieser Fahrradstraße können auch die jüngeren Kinder endlich das Laufrad auspacken.

Das Biesenthaler Becken

Laubmischwälder, Moore und Feuchtwiesen sind typisch für dieses glazial geprägte Naturschutzgebiet, dessen hügelige Landschaft bereits vor etwa 15 000 Jahren vom Toteis geformt wurde. Während hier noch bis zum Zweiten Weltkrieg Torf gewonnen wurde, arbeitet man inzwischen an Wiedervernässungsprojekten, die auch dem sinkenden Grundwasserspiegel in der Region entgegenwirken sollen. Das Biesenthaler Becken bildet eine Wasserscheide: die hier entspringenden Flüsse fließen entweder zur Oder (also in die Ostsee) oder zur Elbe hin (und damit in die Nordsee).

Unterwegs kommt ihr an der **Langerönner Mühle** vorbei, die auf eine bewegte Militärgeschichte im Zweiten Weltkrieg und in der DDR zurückblicken kann. Durch saftig grüne Wiesen gelangt ihr in das hübsche kleine Örtchen **Biesenthal** mit seinem renovierten Altstadtkern. Folgt der Landesstraße links ins Ortszentrum.

⇨ Abstecher zum Strandbad am Großen Wukensee

Habt ihr noch Lust schwimmen zu gehen? Zum etwa 1,5 Kilometer entfernten Strandbad geht es links entlang der Hauptstraße (Breite Straße). Kinder sollten lieber den Gehweg nutzen. Unterwegs könnt ihr im **Café am Schlossberg** (Breite Straße 10 · tgl. bis 17 Uhr geöffnet) eine Stärkung einnehmen. Biegt zum Strandbad wenig später rechts in die Ruhlsdorfer Straße ein.

km 11,5–15 Vom Marktplatz Biesenthal zum Bahnhof

Unsere Tour endet am Bahnhof. Dazu biegt ihr im Ortskern am Marktplatz rechts ab und folgt der entsprechenden Beschilderung. Verpasst nicht die Abzweigung nach links nach etwa einem Kilometer. Bald darauf liegt links der Straße lauschig in einer Lichtung der großzügig gestaltete **Spielplatz Waldlicht** mit mehreren Klettergerüsten und großem Sandkasten. Direkt vor dem Bahnhof findet ihr noch das gemütliche **Café Kaiserliches Postamt,** welches in und vor dem detailverliebt renovierten Gebäude zu hausgemachtem Kuchen einlädt. Im ehemaligen Bahnhofsgebäude – jetzt Kulturbahnhof genannt – finden außerdem regelmäßig Veranstaltungen statt (www.bahnhof-biesenthal.de).

Wie entstand die Landschaft des Biesenthaler Beckens?

Stell dir vor, du reist in der Zeit.

Du musst 2,4 Millionen Jahre zurück! Damals sanken die Temperaturen auf der Erde, es war sehr kalt. Heute nennen wir diese Zeit Saale-Kaltzeit. Es fiel sehr viel Schnee, der zu mächtigem Eis wurde, zu einem riesigen Gletscher. Der entstand zwar im Norden Europas, in Skandinavien, aber er war so groß und schwer geworden, dass er sich in alle Richtungen drückte und schob, manchmal sogar mehrere Kilometer innerhalb eines Jahres. Und so schob sich der Gletscher bis in die Mitte des heutigen Deutschlands. Du siehst also überall Eis um dich herum.

Dann kam eine Wärmezeit, das Eis schmolz und verschwand, aber es hinterließ Spuren und es hatte die Landschaft verändert. Es hatte Sand und Steine mit sich und vor sich her geschoben und so eine Hochebene geformt, die heute Barnim heißt. Hier liegt Bernau.

Und dann kam noch mal eine Eiszeit (Weichsel-Eiszeit)! Wieder streckte sich eine lange Eiszunge bis zur Barnimer Hochebene. Wieder brachte sie Sand, Kies und Steine mit und begrub alles unter sich. Als dann das Eis vor circa 15 000 Jahren schmolz, blieben die mitgebrachten Steine und Sandhaufen liegen und formten in der plattgewalzten Mulde kleine sandige Hügel. Während das meiste Schmelzwasser nach Süden abfloss, blieb ein Riesenstück Eis allein liegen – sogenanntes Toteis – und schmolz nur langsam ab. Sein Wasser bildete dann viele kleine Seen. Manche verschwanden später, in anderen kannst du heute noch schwimmen: zum Beispiel im Mechesee, Hellsee oder auch im Liepnitzsee (▶ Tour 1).

Rummelsburg – Kienbergpark

3 Trainspotting in East-Berlin – Durchs Wuhletal zu den Gärten der Welt

Start	Ziel	Länge	Fahrzeit	Schwierigkeit
S-Betriebsbhf. Rummelsburg	U-Bhf. Kienberg (Gärten der Welt)	11 km	2 Std.	● leicht

Diese Tour durch Berlins Osten ist urban geprägt, führt aber über ruhige Wege und bietet viele Highlights für Kinder, darunter kreative Spielplätze und Lamas in einem Kleintiergehege. Natürlich lohnt ein Besuch in den wundervollen Gärten der Welt und eine Fahrt mit der Seilbahn. Doch auch das Wuhletal und der Biesdorfer Baggersee bieten Spielmöglichkeiten im Grünen. Kleine (und große) Zugfans sind sicher von der oberirdisch fahrenden U5 begeistert, die auf der Tour immer wieder auftaucht. Aufgrund der relativ kurzen Strecke und der Nähe zu vielen U-Bahn-Stationen könnt ihr als Erwachsene die Tour mit Kindern auf dem Laufrad oder solchen, die das Radfahren noch üben, auch laufen.

Der neue Wuhlesteg überquert ein Feuchtbiotop und verbindet Marzahn und Hellersdorf

Infos zur Tour

Anfahrt
S-Bhf. Betriebsbahnhof Rummelsburg (S3, alle 10 Min., ca. 15 Min. von Berlin-Hauptbahnhof)

Rückfahrt
U-Bhf. Kienberg (Gärten der Welt) (U5, häufig, 30 Min. bis Berlin-Hauptbahnhof)

Streckenverlauf
Betriebsbahnhof Rummelsburg – Karlshorst – Biesdorfer Baggersee – Elstawerdaer Platz – Landschaftpark Wuhletal – Gärten der Welt – U-Bhf. Kienberg (Gärten der Welt)

Streckencharakteristik
Die Tour verläuft durch Wohngebiete und Parks in Ostberlin. Ruhige, gut befestigte Wege, auf den sehr kurzen Straßenabschnitten ist fast kein Verkehr.

Beschilderung
Richtung Biesdorf, später Wuhletalweg (Wanderweg) Richtung Kienberg

Spielplätze
Kurz nach Tourbeginn Ecke Mellenseestraße, hinter dem Friedhof Karlshorst, Zirkusspielplatz im Stadtgarten Biesdorf, beim Wolkenhain, Spielplatz „Konrad in Elektropolis" am Ende des Wuhlesteigs. Natürlich gibt es auch Spielplätze in den Gärten der Welt.

Besichtigungen
Kleintierhof Wuhletal
Brebacher Weg 51 · 12683 Berlin · (01 62) 2 02 88 76 · Mo–Fr 10–16, Sa/So 10–17 Uhr
Nicht weit von der U-Bahnstation Wuhletal liegt unterhalb des Unfallkrankenhauses Berlin das kleine Gelände mit Ponys, Lamas, Ziegen und Meerschweinchen. Betrieben wird der Hof als soziales Projekt für Menschen mit Behinderung. Eintritt frei, Spende erbeten. Bei Voranmeldung ist eventuell auch Ponyreiten möglich.

Gärten der Welt
Haupteingang: Blumberger Damm 44 · 12685 Berlin · www.gaertenderwelt.de · tgl. ab 9 Uhr bis zum Einbruch der Dunkelheit · März–Okt. 7 €, Kinder ab 6 Jahren 3 €, Nov.–Feb. 4 € / 2 € (verschiedene Kombitickets für Eintritt und Fahrt mit der Gondelbahn)
Die ganze Vielfalt von Gärten aus verschiedenen Ländern und Epochen, ergänzt durch Kunstwerke – zum Beispiel Figuren in der Nähe des Karl-Foerster-Staudengartens, die Szenen aus Grimms Märchen darstellen. Für Kinder gibt es neben vielen Spielplätzen auch eine Bobbahn (kostet extra!). Oder ihr macht eine Rallye durch den Park, Unterlagen gibt's im Besucherzentrum oder auf der Homepage.

Einkehren
Café am Grabensprung · Biesdorf
Grabensprung 118 · 12683 Berlin · (01 76) 52 92 78 79 · Do–So 14–18 Uhr
Kleine Einkehr im Wohngebiet in Biesdorf-Süd, die besonders bei Radfahrern beliebt ist. In familiärer und freundlicher Atmosphäre wird leckerer, hausgemachter Kuchen serviert. Es gibt aber auch Bockwürste und Eis. Man kann schön im Garten oder auch im Innenraum sitzen.

km 0–4 Vom Betriebsbahnhof Rummelsburg zum Biesdorfer Baggersee

Angekommen am S-Bahnhof Betriebsbahnhof Rummelsburg nehmt ihr den außergewöhnlichen Aufzug in der Mitte des Bahnsteigs. Wenn ihr Glück habt, könnt ihr einen Blick auf einen der vielen ICEs erhaschen, die hier abgestellt, gewartet und gesäubert werden. Unsere Tour führt stadtauswärts auf dem Richtung Biesdorf ausgeschilderten Fahrradweg. Fahrt geradeaus, zu eurer Rechten ein paar einzelne Einfamilienhäuser. Achtet an der nächsten Kreuzung auf Autos, die hier manchmal ziemlich schnell unterwegs sind. Schon nach etwa 800 Metern liegt rechter Hand ein weitläufiges **Spielplatzgelände**.

Weiter geht es geradeaus, zwischen Schienen auf der rechten und Wohnblöcken auf der linken Seite. Nach kurzer Zeit gelangt ihr auf die Friedenshorster Straße. Hier fahrt ihr rechts in eine Unterführung und unter den Schienen durch, direkt dahinter geht es wieder links. Folgt dem Feldweg, der nach viel Regen manchmal etwas matschig sein kann, bis zur Treskowallee. Die Tour führt auf der anderen Straßenseite weiter. Zum Überqueren der Treskowallee nutzt ihr allerdings am besten die Ampel ein paar Meter weiter rechts.

Die U5 ist aus dem Untergrund aufgetaucht

Folgt dann also dem Richard-Kolkwitz-Weg. Links von euch taucht gleich die U-Bahn aus ihrem Tunnel auf. Rechts kommt ihr am **Friedhof Karlshorst** vorbei, zu dem auch der Tierfriedhof „Am Wiesengrund“ mit über 200 Gräbern gehört. Kurz danach gibt es einen kleinen **Spielplatz.**

Weiter geradeaus gelangt ihr in ein gemütliches Wohngebiet im südlichen Biesdorf. Wo die Berliner Straße kreuzt, sehr ihr links den **U-Bahnhof Biesdorf Süd.** Biegt hier in die Unterführung ab und unterquert die U-Bahn-Gleise. Fahrräder müssen geschoben werden! Auf der anderen Seite liegt der **Biesdorfer Baggersee** vor

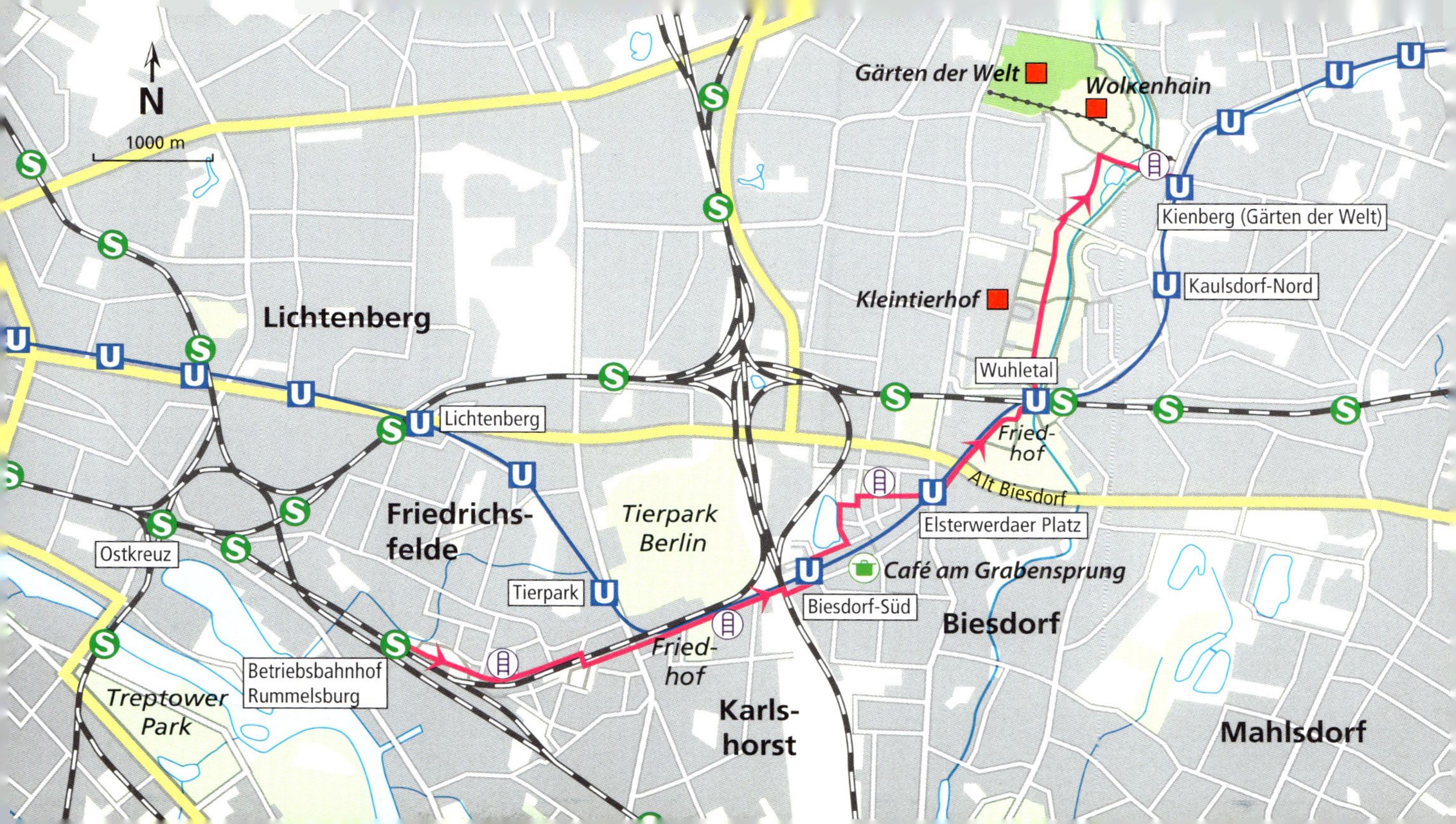
N
1000 m
Lichtenberg
Gärten der Welt
Wolkenhain
Kienberg (Gärten der Welt)
Kaulsdorf-Nord
Kleintierhof
Wuhletal
Lichtenberg
Fried-
hof
Alt Biesdorf
Elsterwerdaer Platz
Friedrichs-
felde
Tierpark
Berlin
Ostkreuz
Tierpark
Café am Grabensprung
Biesdorf-Süd
Biesdorf
Fried-
hof
Betriebsbahnhof
Rummelsburg
Treptower
Park
Karls-
horst
Mahlsdorf

euch – ein Idyll inmitten von Berlin. Auch wenn Baden hier nicht gestattet ist, laden die Sonnenliegen am Ufer zu einer Rast ein.

km 4–7 Vom Biesdorfer Baggersee zur S-Bahnstation Wuhletal

Die Tour führt weiter rechts am See entlang. Wenn wenig los ist, könnt ihr auf dem Uferweg fahren, sonst ist aber auch die Debenzer Straße meist ruhig. Biegt dann links in die Brachfelder Straße ein, am Ufer entlang. Nach ca. 350 Metern erreicht ihr einen Sportplatz, vor dem ihr rechts in die Wilhelmsbrücker Straße einbiegt.

Fahrt an der nächsten Kreuzung links und kurz darauf rechts in den Budapester Weg. Linker Hand liegt der **Stadtgarten Biesdorf** mit dem weitläufigen und kreativ gestalteten **Zirkusspielplatz** mit unzähligen Kletter-, Rutsch- und Hüpfmöglichkeiten. Nach einer aktiven Pause geht es geradeaus weiter, überquert die nächste Straße und nehmt dann die Rampe (rechts neben der Treppe) auf den etwas trostlosen **Elsterwerdaer Platz.**

Am anderen Ende des Platzes durchquert ihr die U-Bahn-Station, um dahinter an der Ampel die Köpenicker Straße zu überqueren. Wendet euch nach links und nehmt vor den U-Bahn-Gleisen den parallel verlaufenden Fahrradweg. Ihm folgt ihr 300 Meter bis zur nächsten großen Straße (Alt-Biesdorf), die sich ein paar Meter weiter rechts an der Ampel gut überqueren lässt.

Der Kienberg lässt sich zu Fuß erklimmen …

… oder mit der Seilbahn. Die Bergstation ist beim futuristischen Wolkenhain

Eure Route führt weiter an den U-Bahn-Gleisen entlang, ihr folgt dabei dem Biesdorfer Friedhofsweg. Am Friedhof vorbei gelangt ihr direkt ins **Wuhletal.** Das Ufer hier bietet sich für eine Rast an.

Durch das Wuhletal zu den Gärten der Welt

km 7–10

Ihr überquert die Wuhle und erreicht links den **U-Bahnhof Wuhletal,** der das außergewöhnliche Umsteigen von S-Bahn zu U-Bahn am selben Gleis ermöglicht. Wieder müsst ihr durch den Bahnhof und anschließend über die Altentreptower Straße. Wendet euch auf der anderen Straßenseite nach links und schlagt dann den Weg gleich rechts ein, an dem bereits „Kienberg" ausgeschildert ist.

Die Wuhle liegt nun rechts von euch. Nach wenigen hundert Metern kommt links eine Kleingartenanlage. Direkt hinter ihr findet ihr den **Kleintierhof:** Im Streichelzoo gibt es u. a. Ponys, Ziegen, Lamas und Kaninchen. Geöffnet ist täglich, Eintritt ist kostenlos. Beachtet, dass ihr durch das angrenzende Wohngebiet nicht zurück zur Route kommt, sondern wieder den Weg durch die Kleingärten nehmen müsst, auf dem ihr gekommen seid.

Dem Weg links der Wuhle folgt ihr weiter geradeaus, überquert die Cecilienstraße und gelangt schließlich an den **Wuhleteich.** Vor euch erhebt sich nun der **Kienberg** auf beeindruckende 102,2 Meter. Ihr könnt ihn über viele Treppenstufen erklimmen. Oben gibt es den tollen Aussichtsturm **Wolkenhain,** ein Café (das leider nicht immer zuverlässig geöffnet ist) und unterhalb vom Turm einen tollen Spielplatz mit Klettermöglichkeiten. Eure Fahrräder könnt ihr rechts an der Terrasse am Wuhleteich abstellen. Alternativ gelangt ihr der Ausschilderung folgend nach links zum Südeingang der Gärten der Welt.

Gärten der Welt

Einmal mit der Gondelbahn von der Station „Wolkenhain" zu den „Gärten der Welt" fahren – klingende Namen stehen hier für ein außergewöhnliches Gelände. 1987 wurde der 21 Hektar große Park für die Berliner Gartenschau mit vielfältigen Themenparks angelegt. Daraus wurden 1990 die Gärten der Welt – so benannt, weil sie thematisch nach Ländern der Welt benannt sind: es gibt einen italienischen Renaissancegarten, einen christlichen Klostergarten und vieles mehr. Kinder haben neben den großen Brunnen auch besonders am **Irrgarten** Spaß. 2017 fand in Berlin die Internationale Gartenschau statt, für die die Gärten noch einmal umgebaut wurden und die Gondelbahn mit ihrer fünfminütigen Fahrt von der U-Bahnstation Kienberg bis zum Eingang der Gärten eingerichtet wurde. Außerdem wurde auf dem Kienbergpark der futuristische Aussichtsturm Wolkenhain errichtet. Während der Kienbergpark keinen Eintritt kostet, müsst ihr für die Gärten der Welt zahlen.

km 10–11 Von den Gärten der Welt zum U-Bahnhof Kienberg

Zum Abschluss der Tour fahrt ihr links über den neu errichteten **Wuhlesteg.** In den Märkischen Gärten könnt ihr noch einen letzten Stopp am Spielplatz „Konrad in Elektropolis" mit einer futuristisch anmutenden Kletter-Rutsch-Konstruktion einlegen. Der Name des Spielplatzes nimmt Bezug auf ein Buch von Erich Kästner. Der barrierefreie Zugang zum U-Bahnhof Kienberg liegt nur wenige 100 Meter vor euch auf der anderen Seite der Hellersdorfer Straße. Falls ihr in die S5 umsteigen wollt, könnt ihr das gut an der Station Wuhletal machen, wo die S-Bahn stadteinwärts am selben Gleis hält.

Ist der Kienberg wirklich eine Müllkippe?

Der Kienberg ist ein natürlicher eiszeitlicher Hügel und ragte früher aus den Rieselfeldern in die Höhe, damals war er aber nur rund 58 Meter hoch. Nach dem Zweiten Weltkrieg begann man, Trümmerschutt auf ihm abzuladen. Ungefähr die Hälfte aller Wohnungen in Berlin waren stark beschädigt oder sogar völlig zerstört. Manche Ziegelsteine oder Holzbalken konnte man noch mal verwenden, aber den meisten Schutt musste man wegräumen. An mehreren Stellen in der Stadt häufte man ihn auf und es entstanden ganz neue Hügel. Der Kienberg wurde durch den Schutt ein bisschen höher. Und als in den 1970er-Jahren die Marzahner Hochhäuser gebaut wurden und man dafür viel Erde ausheben musste, schüttete man die auch wieder auf den Kienberg obendrauf. Damals nannte man ihn „Müllkippe“ – obwohl es eigentlich gar kein „Müll“ war. Der Kienberg wuchs auf 102,2 Meter an und ist damit jetzt fast doppelt so hoch wie ursprünglich.

Außerdem ist er keine Müllkippe geblieben. Er wurde begrünt – auch wenn auf solchen künstlichen Bergen das Leben für Pflanzen schwer ist. Der Boden ist nie sehr fruchtbar und es gibt nur wenig Wasser. Aber für einige Baumarten reichte es und so begann die Umwandlung zu einem grünen Erholungsort.

2017 fand die Internationale Gartenausstellung (IGA) in den naheliegenden „Gärten der Welt“, aber auch auf dem Kienberg und im Wuhletal statt – eine große Feier rund um Pflanzen und Gärten. Damals baute man die Seeterrasse mit Umweltbildungszentrum, die Seilbahn und auch den beeindruckenden Wolkenhain. Die Aussichtsplattform auf Stämmen und Ästen aus Stahl erinnert an eine weiße Wolke.

Erkner – Hangelsberg

4 Wo die Spree noch ein richtiger Fluss sein darf

Start	Ziel	Länge	Fahrzeit	Schwierigkeit
Bahnhof Erkner	Bahnhof Hangelsberg	27 km	4 Std.	● mittel

Die gute alte Spree: Bevor sie in ein steinernes Bett gezwängt durch Berlin strömt, hat sie ein anderes Leben! Diese reizvolle Tour führt euch auf durchgehend geteerten Wegen durch die Spreeauen. Ihr erlebt dabei die typischen Landschaften der Region: zusammenhängende Kiefern- und Mischwälder sowie offene Weidelandschaften mit Kühen, Pferden und Schafen zur Freude eurer Kinder. Zwischendurch könnt ihr euch mit leckerstem Kuchen stärken und kurz vor dem Ziel noch idyllisch am Fluss die Abendsonne genießen. Da die Route teilweise auf wenig befahrenen Nebenstraßen verläuft, empfehlen wir sie für ganz junge und noch unsichere Radlerinnen und Radler eher nicht.

Der Fluss und seine Gäste: friedlich und entspannt

Infos zur Tour

Anfahrt
Bahnhof Erkner (S3 bzw. RE1 ab Berlin-Ostkreuz, alle 10 Min., 15 bzw. 25 Min.)

Rückfahrt
Bahnhof Hangelsberg (RE1, stündlich, 25 Min. nach Berlin-Ostkreuz)

Streckenverlauf
Erkner – Jägerbude – Hartmannsdorf – Mönchswinkel – Hangelsberg

Streckencharakteristik
Ruhig geht es durch Wälder und ausgedehnte Auenlandschaften, auf Radwegen und wenig befahrenen Nebenstraßen, durchgehend geteert.

Beschilderung
Spreeradweg

Spielplätze
Bei Holly's Café in Hartmannsdorf

Baden
Erfrischung in der Spree am Rastplatz Mönchwinkel (Aber Achtung: starke Strömung!)

Besichtigungen
Gerhart-Hauptmann-Museum
Gerhart-Hauptmann-Str. 1–2 · 15537 Erkner · (0 33 62) 36 63 · www.hauptmannmuseum.de · Di–So 11–17 Uhr · Eintritt: 2 €
In einer alten Villa zeigt das Literaturmuseum in gediegenem Ambiente Gegenstände aus dem Leben des Schriftstellers und Nobelpreisträgers. Veranstaltungen, thematische Führungen und Stadtspaziergänge werden angeboten, speziell auf Kinder ausgerichtete Angebote gibt es aber nur unregelmäßig.

Einkehren
Bechstein's Ristorante di Piano · Erkner
Fürstenwalder Straße 1 · 15537 Erkner · (0 33 62) 8 89 22 23 · www.ristorante-di-piano.de
Mitten in Erkner hat sich dieses italienische Restaurant in einer alten Stadtvilla niedergelassen. Man sitzt gemütlich im lichten Innenbereich oder draußen. Die Karte ist umfassend, enthält auch vegetarische Optionen und eine kleine Auswahl für Kinder. Hochstuhl vorhanden.

Holly's Galerie Café · Hartmannsdorf
Schulstraße 2 · 15528 Spreenhagen OT Hartmannsdorf · (03 36 33) 6 60 91 · Di–So 10–17 Uhr
Überraschend ist dieses, nicht nur bei Radfahren beliebte, gemütliche Café: Holly und ihr Sohn bieten eine große Auswahl an frisch gebackenen Blechkuchen, Filterkaffee, Saft und Schorlen sowie Bier aus der Flasche. Die Atmosphäre ist persönlich, freundlich, brandenburgisch direkt. Mit Kindern kann man alternativ den Kuchen zum Mitnehmen bestellen und 100 Meter weiter auf den Spielplatz gehen.

km 0–6 **Von Erkner zum Campingplatz Jägerbude**

Am **Bahnhof Erkner** geht es Richtung Innenstadt. Von Berlin kommend verlasst ihr den Bahnhof in Fahrtrichtung und haltet euch auf der Bahnhofstraße rechts. Ihr überquert die Gleise und wählt am Kreisverkehr die Abfahrt nach links über die Brücke. Schon hier könnt ihr dem Symbol des Spreeradwegs folgen. Entlang der Friedrichstraße fahrt ihr immer geradeaus durch die Innenstadt. Eiscafé und Imbissbuden verlocken dazu, noch einmal anzuhalten.

Erkner

Umgeben von unzähligen Wasserläufen und weitläufigen Wäldern ist Erkner mit seinen 11 000 Einwohnern ein beliebter und schnell erreichbarer Ausflugsort vor den Toren Berlins, spätestens seit Eröffnung der Bahnlinie nach Frankfurt (Oder) 1846. Und nicht nur das: 1880 bekam das Städtchen den Titel „Luftkurort" verliehen, ausgerechnet aufgrund der Teerfabrik, deren Abgase man damals für gesundheitsfördernd hielt. So landete auch der Schriftsteller **Gerhart Hauptmann** (▸ Seite 43) auf Anraten seines Arztes hier. Über sein Leben und Wirken informiert das Gerhart-Hauptmann-Museum, an dem ihr direkt vorbeifahrt.

An der **Genezarethkirche** mit einem kleinen, bunt beleuchteten Brunnen vorbei geht es zum nächsten größeren Kreisverkehr. Nehmt die dritte Abfahrt beim italienischen Restaurant **Bechstein's** in die Gerhart-Hauptmann-Straße. Gegenüber liegt hier das **Gerhart-Hauptmann-Museum** in der **Villa Lassen.** Die Straße führt nun in einem langen Bogen aus Erkner hinaus Richtung Süden.

Nach etwa 1,5 Kilometer Fahrt durch Wohngebiete gelangt ihr in den Wald. Zunächst führt ein Radweg neben der Straße entlang, der jedoch leider in schlechtem Zustand ist. Wo der Radweg endet, fahrt ihr weiter geradeaus auf der ruhigen Straße. Mit einer Linkskurve führt der Weg wenig später am Rand der kleinen Siedlung **Hohenbinde** entlang, an deren Ende ihr rechts auf den geteerten Radweg einbiegt. Entspannt rollt ihr nun durch den Kiefernwald zum **Campingplatz Jägerbude.**

km 6–13,5 **Vom Campingplatz Jägerbude nach Hartmannsdorf**

Unsere Route führt nicht über die Autobahnbrücke, sondern rechts direkt am Campingplatz entlang. Überquert die Spree und folgt

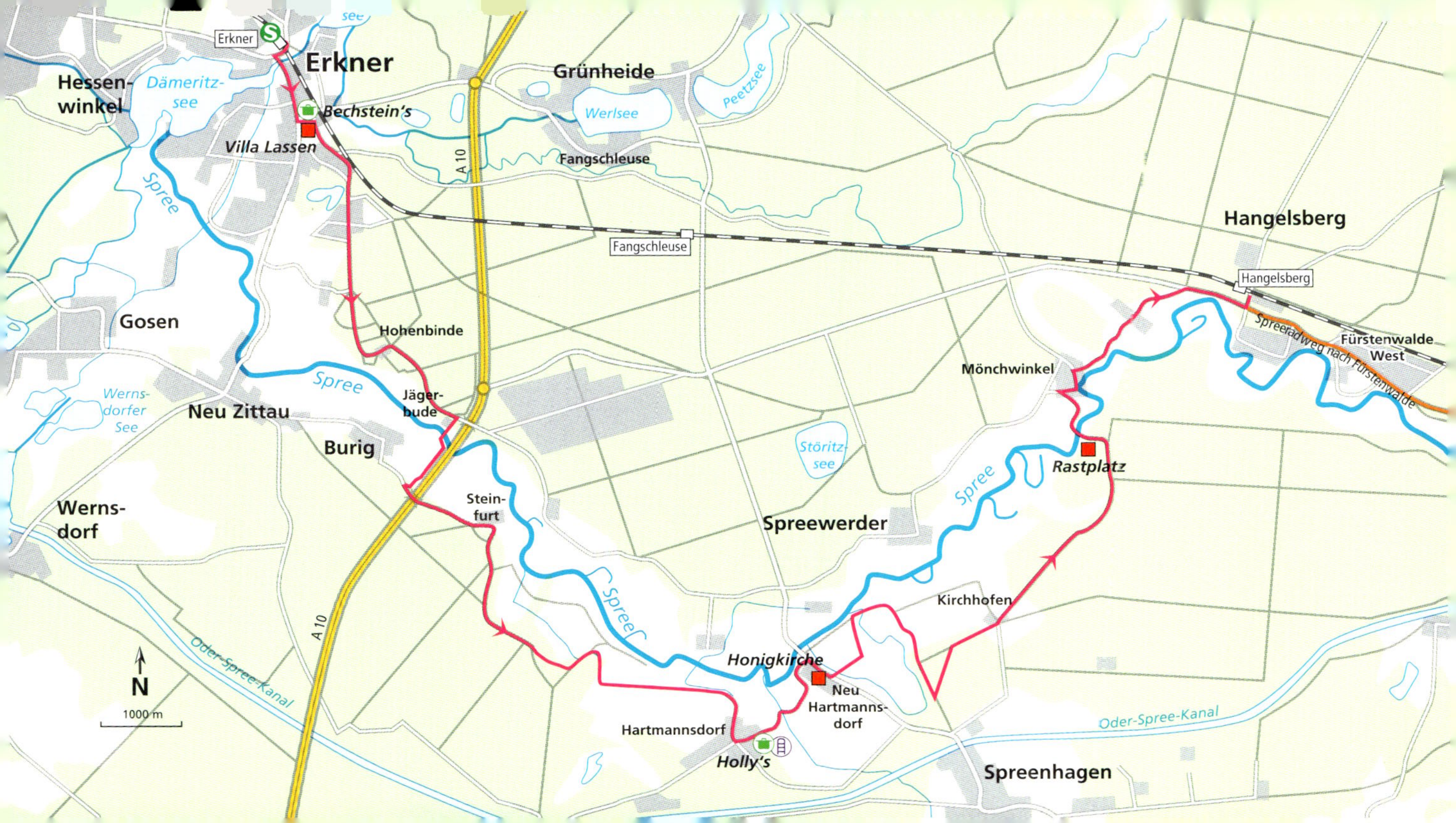

Erkner
Erkner
Hessen-winkel
Dämeritz-see
Bechstein's
Villa Lassen
Grünheide
Werlsee
Peetzsee
Fangschleuse
Fangschleuse
A 10
Spree
Gosen
Hohenbinde
Jäger-bude
Neu Zittau
Werns-dorfer See
Burig
Werns-dorf
Stein-furt
Spree
Spree
Störitz-see
Spreewerder
Hangelsberg
Hangelsberg
Fürstenwalde West
Spreeradweg nach Fürstenwalde
Mönchwinkel
Rastplatz
Spree
Kirchhofen
Honigkirche
Neu Hartmanns-dorf
Hartmannsdorf
Holly's
Spreenhagen
Oder-Spree-Kanal
Oder-Spree-Kanal
A 10
N
1000 m

dann dem Wegverlauf entlang von Pferdeweide und Autobahn. Ihr gelangt an die Steinfurter Straße, in die ihr links einbiegt. Nun geht es auch über die Autobahn.

Die Müggelspree

Laut Auskunft der Gemeinde Grünheide ist die Müggelspree, in deren Umfeld unsere Radtour verläuft, das einzige naturnahe Fließgewässer im Umland von Berlin. Die Bezeichnung bezieht sich auf einen Abschnitt der Spree vom Wehr Große Tränke westlich von Fürstenwalde durch den Müggelsee bis Köpenick. Im Bereich der Gemeinde Grünheide ist sie nicht schiffbar, jedoch gibt es die Möglichkeit längere Kanutouren zu unternehmen. Der Bootsverleih in Hangelsberg hilft euch hier gerne weiter. In der Wald- und Wiesenlandschaft um den sich windenden Fluss kann man besonders gut Vögel beobachten. Neben Eisvögeln und Graureihern könnt ihr vielleicht sogar den seltenen Fischadler sehen.

Hinter der Autobahnbrücke verlaufen die nächsten Kilometer auf dieser idyllisch durch den Wald geführten Straße. Achtet auf den Verkehr, auch wenn hier nur wenige Autos und manchmal Motorräder fahren. Nach etwa einem Kilometer müsst ihr in **Steinfurt** scharf rechts abbiegen. Kurz darauf gibt es einen überraschenden Anblick links der Straße: Hier haben Anwohner alle möglichen Figuren aufgestellt und skurril dekoriert. Ihr könnt hier auch rasten. Etwas ruhiger ist es etwa hundert Meter weiter, wo ein Weg links von der Straße abbiegt und zu einer Schutzhütte mit Sitzmöglichkeit führt.

Weiter geht es zunächst etwas hügelig voran, bevor ihr den Wald verlasst und durch die weiten Wiesen der **Spreeauen** radelt. Vielleicht erspäht ihr einen Reiher oder einen Storch bei der Futtersuche? Etwa 1,5 Kilometer vom Waldrand entfernt, gelangt ihr in die Siedlung **Hartmannsdorf.** Der Radweg biegt im Dorfzentrum scharf links in die Schulstraße ab.

Wenn ihr gleich ein paar Fahnen am rechten Straßenrand wehen seht, seid ihr am beliebten **Holly's Galerie Café** angekommen. Etwas oberhalb der Terrasse weiden übrigens gerne die Ponys des freundlichen Nachbarn. Außerdem könnt ihr Kaffee und Kuchen auch zum Mitnehmen ordern und mit euren Kindern ein paar Meter weiter auf den **Spielplatz** mit Sitzgruppe gehen.

Gemächlich fließt die Müggelspree, hier kann man auch schöne Paddeltouren unternehmen

Von Hartmannsdorf zum Wasserrastplatz Mönchswinkel **km 13,5–23**

Eure Route verläuft weiter über die Landstraße und bringt euch nach **Neu-Hartmannsdorf.** Kurz hinter dem Ortseingang kann man links unterhalb der Straße schön an der Spree sitzen. Ihr folgt an der Hauptstraße der Ausschilderung Richtung Fürstenwalde und biegt rechts ab. Gleich danach kommt ihr an der Hoffnungskirche vorbei, die auch **Honigkirche** genannt wird. Wenn sie offen ist, schaut mal rein, dann könnt ihr einen Blick auf Altarwand und Altar erhaschen, die ganz mit Bienenwachs überzogen sind.

Achtung! Bis zum Ortsausgang müsst ihr nun knappe 100 Meter auf der Hauptstraße fahren. Dann biegt ihr aber schon wieder links ein auf eine ruhige und gut befestigte Fahrradstraße. Folgt dieser an einzelnen Häusern und Höfen mit Pferde- und Schafsweiden vorbei. Wenn es leicht bergauf geht und ihr wieder im Wald seid, passt auf, dass ihr nicht die scharfe Abbiegung auf den Radweg nach links in Richtung Kirchhofen verpasst (direkt hinter einem Schild „Fahrradstraße Ende“).

Anfängertauglich: Radweg bei Kirchhofen

Diesem schmalen Weg folgt ihr durch den Nadelwald und landet im Dorf **Kirchhofen.** Im Ortszentrum wurde die ehemalige **Gaststätte Rasselbock** zu einer schönen kleinen Radfahrerunterkunft umgebaut (an manchen Sommertagen gibt es hier Gegrilltes und Livemusik auf der Wiese). Eure Tour geht geradeaus durch den Ort, vorbei an den links liegenden Pferdeweiden und direkt in den Kiefernwald hinein.

Ihr folgt weiter der Fahrradstraße, wobei ihr leider daran denken müsst, dass auch hier wieder einzelne Autos unterwegs sind. Nach einer scharfen Linkskurve verlasst ihr den Wald und gelangt an einen wunderschönen Rastplatz direkt am Spreeufer. Wagemutige gehen hier im Sommer gerne baden. Nutzt dafür die Zeltwiese (Rastplatz für Wasserwanderer) links vor der Brücke. Es geht flach ins Wasser, sodass auch kleine Kinder hier spielen können. Dies sollte jedoch unbedingt nur unter Aufsicht passieren. Achtet besonders auf die Strömung!

km 23–27 Vom Wasserrastplatz Mönchwinkel nach Hangelsberg

Ihr braucht von hier noch etwa eine halbe Stunde bis zum Bahnhof. Beachtet, dass in Hangelsberg der Zug nur einmal in der Stunde hält.

Ihr folgt weiter der Ausschilderung des Spreeradwegs. In **Mönchwinkel** biegt ihr rechts ab, dann sind es noch etwa 2 Kilometer bis zur Bundesstraße. Fahrt hier rechts auf dem Radweg weiter nach **Hangelsberg** hinein. Nach etwa 800 Metern geht es links ab zum Bahnhof.

Falls ihr noch viel Energie übrig habt, könnt ihr über den Spreeradweg noch etwa 10 Kilometer weiter nach **Fürstenwalde** fahren. Dafür müsst ihr zunächst etwa 3 Kilometer lang der Bundesstraße folgen, bevor ihr dann durch ausgedehnte Wälder rollt. Von Fürstenwalde könntet ihr theoretisch auf Tour 14 weiterfahren.

Ein Schriftsteller, der Zeiten der Veränderung beschrieb

Im Ort Erkner lebte ein berühmter Schriftsteller: Gerhart Hauptmann. Mit 23 Jahren – im Jahr 1885 – zog er mit seiner Frau dort in eine Villa. Er entschied sich für Erkner, weil es damals als Luftkurort galt, denn er litt an einer Lungenerkrankung. Der junge Mann hatte bereits versucht, Landwirt, Bildhauer oder Maler zu werden. In Erkner begann er, Bücher zu schreiben.

Mehrere seiner Geschichten spielen in Erkner, auch viele Einwohner wurden Vorbilder für seine Figuren. Zum Beispiel eine Familie, deren traurige Geschichte er in „Fasching" erzählt: Nach einer Feier ertranken sie im See, der nicht richtig zugefroren war. Hauptmanns Werk ist naturalistisch, das bedeutet, er beschreibt alles genau, wie es ist, und lässt auch die traurigen und harten Seiten des Lebens nicht aus. Tod, soziale Ungerechtigkeit und schlechte Lebensbedingungen, die menschliche Schicksale beeinflussen, gehören zu seinen wichtigsten Themen.

Es war die Zeit der Industrialisierung, als die Menschen anfingen in Fabriken zu arbeiten und wegen der Arbeit in die Städte zogen. Dort lebten sie oft in sehr schlechten Verhältnissen. Auch andere Schriftsteller haben das in dieser Zeit beschrieben.

Berühmt wurde Gerhart Hauptmann mit einem Theaterstück: „Die Weber". Es ging um einen Aufstand schlesischer Weber, die sich gegen die ungerechten Zustände in den neuen Fabriken wehrten, durch die sie in Hunger, Krankheit und Armut gerieten, während die Fabrikbesitzer reich wurden. Weber sind Arbeiter, die Stoffe herstellen und Gerhart Hauptmanns Opas war einer davon. Solche ungerechten Zustände sollte es nicht geben, meinte Hauptmann.

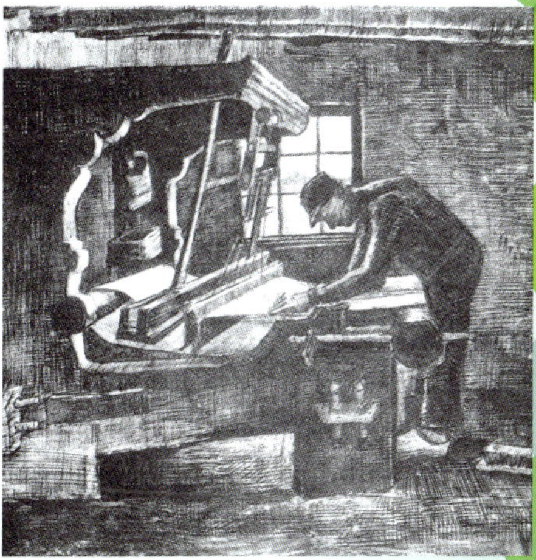

Grünau – Schmöckwitz (Rundtour)

5 Am Wasser, ins Wasser, übers Wasser: Rad- und Badetour an der Dahme

Start	Ziel	Länge	Fahrzeit	Schwierigkeit
S-Bhf. Grünau	S-Bhf. Grünau	14,5 km	3 Std.	● leicht

Diese schnell erreichbare Tour verbindet zwei See-Überquerungen mit der BVG-Fähre mit einer schönen Strecke am Wasser entlang und mehreren Bademöglichkeiten. Der Weg ist auch mit kleineren Kindern gut zu machen, nur mit einem Anhänger wird ein kurzes holpriges Stückes im hinteren Abschnitt problematisch. Ihr radelt zunächst auf der Westseite gen Süden, dann seid ihr auf dem Rückweg am Nachmittag am sonnenbeschienenen Ufer und könnt im Schmetterlingshorst oder an der Fährstelle einkehren. Wenn ihr direkt in Grünau die Fähre nehmt und andersherum erst am östlichen Dahmeufer fahrt, könnt ihr am Ende der Tour an der Bammelecke oder im Strandbad Grünau ins Wasser springen.

Weiter Blick über den Seddinsee bei Schmöckwitz

Infos zur Tour

Achtung: Die Tour ist im Winter und an Montagen so nicht machbar, da die Fähre F21 nur Di–So von Karfreitag bis zum Ende der Herbstferien verkehrt.

Anfahrt/Rückfahrt

S-Bhf. Grünau (S46/S8, sehr häufig, ca. 20 Min. von Berlin-Ostkreuz oder Berlin-Südkreuz)

Streckenverlauf

Grünau – Karolinenhof – Fähre F21 – Kuhle Wampe – Wendenschloss – Fähre F12 – Grünau

Streckencharakteristik

Die Tour verläuft ruhig meist am Wasser entlang und ohne Autoverkehr, teilweise auf kaum befahrenen Nebenstraßen. Die zweite Hälfte ist ein Trampelpfad, streckenweise uneben, und mit einem Fahrradanhänger eher herausfordernd.

Beschilderung

Grünau bis kurz vor der Fähre F21: Dahmeradweg

Spielplätze

Kleiner Spielplatz in Karolinenhof und am Schmetterlingshorst

Baden

Bammelecke und viele andere Badestellen an der Dahme

Strandbad Grünau
Sportpromenade 9 · 12527 Berlin · www.strandbadgruenau.de · Mai–Sep. tgl. 10–19 Uhr · 6,50 €, Kinder 3,50 €, unter 6 Jahren frei
Das Angebot lässt nichts zu wünschen übrig: eine große, angenehme Liegewiese, Strandkörbe, Beachvolleyball, Stand-up-Paddeln und die obligatorischen Pommes rot-weiß. Die Kleinen können im Nichtschwimmerbereich entspannt baden. Im Winter ist an den Wochenenden geöffnet: Es gibt dann eine Eisbahn, einen Indoor-Spielplatz und einen Grill am Strand.

Einkehren

Schmetterlingshorst
Zum Schmetterlingshorst 2 · 12559 Berlin · (0 30) 6 74 98 13 · www.schmetterlingshorst.de · Öffnungszeiten variieren saisonal, mindestens 10–16, Sa/So 10–17 Uhr
Eine Institution in Köpenick, betrieben vom Bezirkssportbund Treptow-Köpenick e. V. als gemeinnützige Einrichtung. Selbst im Winter ist der Biergarten täglich geöffnet. Es gibt kalte Getränkestandards, ehrlichen Filterkaffee, Eis, Kuchen, Suppen – alles zu günstigem Preis. Man kann direkt am Wasser den vorbeifahrenden Booten zuschauen, Spielzeug für Kinder.

Trattoria di Mare · Am Fähranleger F12 Wendenschloss
Müggelbergallee 1a · 12557 Berlin · (01 78) 3 40 90 55 · tgl. 11–22 Uhr
Direkt am Fähranleger wird nicht nur hausgemachtes Eis angeboten, auch Pasta und Pizza lohnen eine Einkehr. Außerdem sitzt man im Biergarten gemütlich direkt an der Dahme.

km 0–3,5 Vom S-Bahnhof Grünau zur Bammelecke

Überquert die Ampel vor dem S-Bahnhof. Auf der gegenüberliegenden Seite könnt ihr rechts von der Dönerbude über die Straßenbahngleise hinweg den Weg schräg in den Wald hinein nehmen. Ihr gelangt auf der anderen Seite in ein ruhiges Grünauer Wohngebiet. Fahrt die Straße (Büxensteinallee) weiter bis zur Regattastraße. Biegt rechts ab und schon bald geht es gemütlich an den Straßenbahngleisen entlang. Diesen Abschnitt müsst ihr euch mit dem Autoverkehr teilen, deshalb solltet ihr mit kleineren Kindern lieber den Gehweg nutzen.

Bald darauf passiert ihr die **Regattatribüne** – hier war der Austragungsort der Olympischen Spiele 1936 – und gelangt zum **Strandbad Grünau.** Unsere Tour geht weiter geradeaus und bleibt auf dem geteerten Weg neben der Tramlinie. Links von euch ist die sogenannte **Bammelecke.** Wenn ihr bereits einen Badestopp einlegen wollt, könnt ihr links dem Weg in den Wald folgen und ihr kommt zu zwei hübschen Badestellen.

Wer hat Angst vor kaltem Wasser? Badestelle an der Bammelecke

Trattoria di Mare
Grünau
Strandbad
Wendenschloss
Schmetterlingshorst
Müggelheim
Grünau
Regattatribüne
Langer See
Strandbad Grünau
Bammel-
ecke
Bohnsdorf
Große Krampe
Karolinenhof
Krampen-
burg
Seddinsee
N
500 m
Schmöckwitz

km 3,5–7 **Von der Bammelecke zum Fähranleger Zum Seeblick**

Die Fahrt führt weiter an der Tramstrecke entlang und ihr erreicht bald **Karolinenhof,** eines der idyllischsten Wohngebiete Berlins. Folgt zunächst der Ausschilderung für Radfahrer und biegt hinter dem **Spielplatz** links in den Karolinenhofweg ab. Gleich geht es wieder nach rechts in die Rehfeldtstraße, der ihr ruhig durchs Wohngebiet folgt, bis ihr an einer T-Kreuzung auf den Krimnitzer Weg stoßt.

Hier biegt ihr links ab und fahrt dann rechts am Rande des Wäldchens weiter. Ihr überquert einen kleinen Parkplatz und fahrt weiter auf dem Pfad, der geradeaus durch den Wald verläuft. Vorbei an mehreren Bootshäusern kommt ihr oberhalb des Fähranlegers aus dem Wald. Links öffnet sich der Blick über die Dahme und hier geht es auch hinunter zur **Fähre F 21.**

km 7–11,5 **Vom Fähranleger Krampenburg bis zum Schmetterlingshorst**

Wunderschöne Blicke auf den **Langen See** sowie auf den **Seddinsee** im Süden bietet diese Fährfahrt. Am Fähranleger in **Krampenburg** fühlt man sich bei Anblick der vielen Hausboote an den Film Waterworld erinnert. Im Sommer ist diese Fähre praktisch der einzige Zugang zum Campingplatz „Kuhle Wampe", ist die Zufahrt von Müggelheim doch für Autos gesperrt. Nach dem Ausstieg geht es rechts hoch zum Campingplatz, der am Eingang einen einfachen Kiosk hat, an dem ihr kalte Getränke oder kleine Naschereien bekommt.

Unsere Tour führt nun im zweiten Abschnitt immer direkt an der Dahme entlang. Der Weg beginnt direkt gegenüber vom Fähranleger. Orientiert euch einfach am Ufer und biegt nicht rechts in den Wald ab. Am Wochenende sind hier relativ viele Spaziergänger unterwegs, fahrt also bitte entsprechend rücksichtsvoll.

Schwimmende Datschen in Krampenburg

Immer wieder bieten sich am Ufer schöne Plätze für eine Rast an. Ihr passiert unterwegs nach einiger Zeit auch noch zwei schön angelegte **Badestellen** – für die Räder sind diese Abschnitte leider etwas sandig. Gerade die zweite Stelle eignet sich mit flachem Einstieg auch zum Planschen

Übers Wasser gucken entspannt immer

für Kinder und wir empfehlen euch als Familie hier einen Badestopp einzulegen. Am Ende der Tour liegt zwar noch das wirklich schön renovierte Strandbad Wendenschloss, aber dort gibt es für Nichtschwimmer keinen flachen Einstieg.

Es sind fünf Kilometer vom Fähranleger bis zu einer der urigsten Einkehrmöglichkeiten Ostberlins, dem **Schmetterlingshorst.** Auch wenn Gelände und Gebäude etwas in die Jahre gekommen sind, geht es hier mit Stammpublikum und einmaligem Blick auf die Dahme umso herzlicher zu – und selbst im Winter ist täglich geöffnet.

Vom Schmetterlingshorst zum Fähranleger Wendenschloss **km 11,5–14**

Unterhalb des Schmetterlingshorsts geht es weiter in Richtung Köpenick. Ihr müsst hier eine Stufe überwinden, bevor ihr gemütlich auf dem Waldweg weiterradeln könnt. Bleibt weiterhin immer am Ufer. So gelangt ihr nach etwa 15 Minuten zum **Strandbad Wendenschloss,** an dessen Zaun ihr nun entlangfahrt. Das Strandbad wurde vor wenigen Jahren komplett saniert. Die gemütliche Liegewiese und die weitläufige Anlage laden ebenso wie der zuver-

Am Fähranleger in Grünau geht's über die Dahme

lässige Imbiss zum Verweilen ein. Leider ist für kleine Kinder der Einstieg ins Wasser ziemlich tief.

Zum Fähranleger führen von hier mehrere Wege. Am einfachsten fahrt ihr, statt zurück ans Ufer, halbrechts in den Wald, dann haltet ihr euch links und gelangt auf die Ekhofstraße. Der folgt ihr geradeaus durch das Wohngebiet. Hinter einem kleinen Kreisverkehr stoßt ihr auf die Tramschienen und biegt an der nächsten Ecke rechts in die Niebergallstraße ein. Sie bringt euch direkt zum Anleger der **Fähre F12.**

Die Fähre über die Dahme fährt alle 30 Minuten. So bleibt vielleicht noch Zeit für eine Kugel Eis oder einen Espresso in der empfehlenswerten **Trattoria Di Mare.**

km 14–14,5

Vom Fähranleger in Grünau zurück zum S-Bahnhof

In Grünau ist der Rückweg zur S-Bahnstation leicht zu finden, ihr müsst einfach geradeaus fahren, mit kleinen Kindern am besten auf der linken Seite auf dem Gehweg.

Wie kamen tausende Schmetterlinge in den Schmetterlingshorst?

Die Schmetterlinge kamen mit dem leidenschaftlichen Schmetterlingsforscher Johann Bittner. Warum er ausgerechnet an den Langen See kam, ist schwer zu sagen, jedenfalls eröffnete er dort Ende des 19. Jahrhunderts eine Schaubude, wo er seine Exponate aus der ganzen Welt zeigte. Gleichzeitig betrieb er dort einen Imbiss und Ausschank.

In dieser Zeit war es schon sehr beliebt, Ausflüge aus Berlin ins Grüne zu machen. 1904 wurde am Ufer des Langen See sogar eine Anlegestelle für Dampfer eröffnet, was noch mehr Besucher brachte. Außerdem wurde die Gaststätte um einen großen Tanzsaal erweitert. Auch die Schmetterlingssammlung war sehr populär – sie zählte zu den besten in Deutschland. Hier traf sich auch der Berliner Verein der Entomologen (das sind Menschen, die sich mit Insekten – also auch Schmetterlingen – beschäftigen). Im Krieg zerstörte eine Bombe die Gaststätte und damit auch die Sammlung.

Nach dem Krieg wurde die Ausflugsgaststätte repariert. Dampfer legten wieder an und bei schönem Wetter gab es draußen kaum noch freie Plätze, auch Schmetterlinge flatterten vorbei, bis es 1990 zu teuer wurde, das Restaurant zu betreiben. Das Gelände war verwildert, als der Köpenicker Bezirkssportbund es wieder zum Leben erweckte. Seit 2007 kann man dort nicht nur Erbsensuppe mit Wurst essen, sondern auch wieder eine neue naturkundliche Ausstellung bestaunen. Im Raum neben dem ehemaligen Gasthaus liegen hinter Glas über 4000 exotische und einheimische Schmetterlinge und andere Insekten.

Königs Wusterhausen – Zeesener See (Rundtour)

6 Durchs königliche Jagdrevier zum Badestrand

Start	Ziel	Länge	Fahrzeit	Schwierigkeit
Bhf. Königs Wusterhausen	Bhf. Königs Wusterhausen	12 km	2 Std.	● leicht

Schnell ist von Berlin aus der Ausgangspunkt dieser abwechslungsreichen Tour erreicht, die euch zu drei tollen, familienfreundlichen Badestellen und durch königliche Wälder führt. Ihr fahrt auf durchgehend ruhigen Wegen – teils auf wenig befahrenen Nebenstraßen – die meist gut befestigt sind, sodass sich diese kurze Tour gut für Anfängerinnen und Anfänger auf dem Fahrrad eignet. Längere Abschnitte der Route führen durch ruhige Wohngebiete, ein exklusives Naturerlebnis solltet ihr also nicht erwarten, dafür könnt ihr euch am Ende mit einem großen Eisbecher im Strandcafé im Strandbad Neue Mühle belohnen.

Im Strandbad Neue Mühle kann man die Radtour angenehm ausklingen lassen

Infos zur Tour

Anfahrt/Rückfahrt

Bahnhof Königs Wusterhausen S46 (oder RE2 oder RB24, zweimal pro Stunde, 20 Min. ab Berlin Ostkreuz)

Streckenverlauf

Königs Wusterhausen – Zeesen – Senzig – Schleuse Neue Mühle – Königs Wusterhausen

Streckencharakteristik

Es geht durch ruhige Wohngebiete und Waldstücke. Dazwischen bieten sich immer wieder Blicke auf den Zeesener See oder die Dahme. Fast durchgehend geteerte Wege.

Beschilderung

Gelber Punkt

Spielplätze

In Königs Wusterhausen südlich vom Schlosspark und in den Strandbädern

Baden

Strandbad Zeesen
Uferstraße 8 ·
15711 Königs Wusterhausen
Auf der schönen Wiese mit idyllischem Blick auf den See könnt ihr die Kinder im flachen, sandigen Wasser oder auf dem Spielplatz toben lassen. Eintritt frei, eine einfache Imbissbude bietet eine Grundversorgung mit Getränken, Eis, Snacks und einer Suppenkanone.

Strandbad Neue Mühle
Küchenmeisterallee 33 ·
15711 Königs Wusterhausen ·
Mai–Sep. tgl. 10–18 Uhr ·
(0 33 75) 29 01 99 ·
www.koenigs-wusterhausen.de/freizeit-tourismus · 3 €, Kinder (ab 3 Jahre) 1,50 €
Highlight ist die große Wasserrutsche, an der die Schlange schon mal länger wird. Auch sonst bietet das Schwimmbad Spaß für die ganze Familie: Nichtschwimmerbereich mit niedrigem Einstieg, eine schöne Liegewiese, Beachvolleyballfeld und Ruderbootverleih.

Badestelle in Senzig

Einkehren

Taverna La Foresta · Senzig
Körbiskruger Str. 82 · 15754 Königs Wusterhausen · (3 37 59) 20 60 60 ·
https://taverna-la-foresta.eatbu.com ·
Mo–Sa 12–22, So 12–21 Uhr
Kroatisches Restaurant mit schattigem Außenbereich und Kinderspielecke in der Siedlung Waldesruh, unweit des Zeesener Sees. Neben Pasta und Pizza gibt es Balkanklassiker wie Cevapcici. Einzelne vegetarische Gerichte und eine Auswahl für Kinder.

Das Strandcafé im Strandbad Neue Mühle
(0 15 25) 2 75 19 19 ·
https://strandbadcafe.business.site ·
Di–So 11–18 Uhr
Einmalig sitzt ihr hier mit Blick auf dem Krimnicksee, im Liegestuhl oder am Tisch. Neben typischen Schwimmbadleckereien wie Pommes und Eis am Stiel gibt es hausgemachten Kuchen, Crêpes und Imbissklassiker wie Currywurst. Auch ohne Eintritt ins Schwimmbad zugänglich.

km 0–3 **Vom Bahnhof KaWe zum Strandbad Zeesen**

Wenn ihr nicht noch einen Abstecher in die hübsche Altstadt oder zum Schloss von Königs Wusterhausen – das die Einheimischen einfach KaWe nennen – machen wollt, nehmt ihr am Bahnhof direkt die Unterführung rüber zur Storkower Straße. Diese müsst ihr überqueren und gegenüber in den Kirchsteig einbiegen. Ihr seht hier bereits die Beschilderung mit dem gelben Punkt, der ihr im weiteren Verlauf folgen werdet.

Königs Wusterhausen

Was erträumt(et) ihr euch zum 10. Geburtstag? Friedrich I. bekam 1698 von seinem Vater das Schloss Wusterhausen geschenkt. Nach dem Umbau zum königlichen **Jagdschloss** erhielt der gesamte Ort den Zusatz „Königs". Heute lädt die Stadt 30 Kilometer süd-östlich von Berlin nicht nur Majestäten ein: Viel Wasser und zusammenhängende Wälder im Stadtgebiet bieten Naturnähe mit S-Bahn-Anschluss. So wohnen jetzt bereits über 30 000 Menschen in der wachsenden Gemeinde. Viele besuchen z. B. die Technische Hochschule Wildau, die größte Fachhochschule Brandenburgs.

Fahrt das Sträßchen entlang, bis rechts die Bebauung endet, und biegt hier rechts ab. Vorsicht, falls Kinder voraus radeln: nach etwa 300 Metern müsst ihr noch eine stark befahrene Straße queren. Folgt dann geradeaus dem Weg auf der anderen Seite. Ihr seid nun im **Tiergarten** mit altem Eichenbestand, einem Wald, den König Friedrich Wilhelm I. im 18. Jahrhundert als Jagdgrund anlegte. Tiergehege gibt es hier allerdings keine mehr.

Bald gelangt ihr an eine idyllische **Streuobstwiese,** links von euch liegt auch ein angenehmer Rastplatz. Neben den fast schon luxuriös wirkenden Insektenhotels findet ihr hier Informationen über Tiere und Pflanzen, die es im Naturschutzgebiet gibt.

Euer Weg führt jedoch geradeaus an der Streuobstwiese vorbei und rein in den Ort **Zeesen.** Auch durch das Wohngebiet führte euch die Beschilderung mit dem gelben Punkt. Passt gut auf, dass ihr die kleinen Pfeile unter dem Symbol nicht überseht: Die Route biegt nach etwa 500 Metern links ab in die Straße Luchblick.

Anschließend kommt ihr rechts, links und wieder rechts zur Uferstraße und zum **Strandbad Zeesen.** Trotz der geringen Größe ist hier einiges geboten: eine schöne schattige Liegewiese, ein

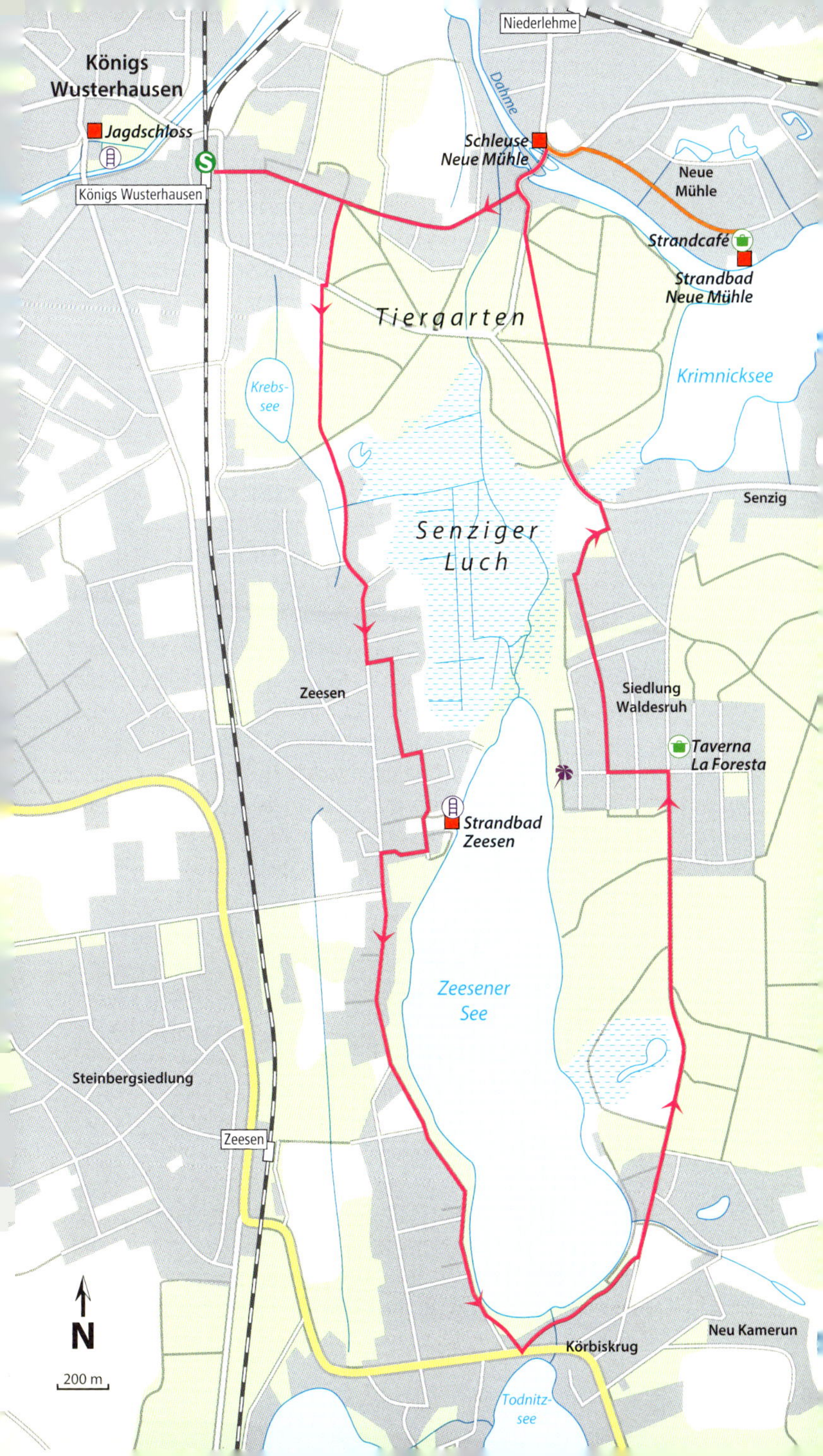
Königs Wusterhausen
Jagdschloss
Königs Wusterhausen
Niederlehme
Dahme
Schleuse Neue Mühle
Neue Mühle
Strandcafé
Strandbad Neue Mühle
Tiergarten
Krebs-see
Krimnicksee
Senzig
Senziger Luch
Zeesen
Siedlung Waldesruh
Taverna La Foresta
Strandbad Zeesen
Zeesener See
Steinbergsiedlung
Zeesen
N
200 m
Körbiskrug
Neu Kamerun
Todnitz-see

Spielplatz mit Rutsche und Klettergerüst sowie ein Imbiss mit der Grundversorgung an Eis und Pommes.

km 3–8 **Vom Strandbad Zeesen um den See nach Senzig**

Weiter geht die Route am Strandbad vorbei, bevor ihr rechts abbiegt und zur Dorfaue gelangt. Auf ihr haltet ihr euch links, sie heißt nach wenigen Metern Seestraße und erlaubt im weiteren Verlauf schöne Blicke nach links auf den **Zeesener See.** Der Asphalt endet nach kurzer Zeit. Kurz vor der Bundesstraße biegt ihr schräg links in einen Pfad ein und direkt darauf an der Bundesstraße wieder scharf links in die Straße Am Bahndamm.

Folgt der Route durch die beschauliche Siedlung am Südufer des Sees. An einer Campingsiedlung vorbei gelangt ihr in ein lauschiges Waldstück. Die Route biegt hier links auf einen Pfad, parallel zur Straße. Wenn hier viele Fußgänger laufen oder ihr mit Fahrradanhänger unterwegs seid, ist es besser, auf der Straße zu bleiben.

So kommt ihr in die **Siedlung Waldesruh,** ein Teil von **Senzig.** Nachdem der Wald zu eurer Linken endet, biegt ihr links in die Bergstraße ab, die geradeaus direkt zum Seeufer führt. Für die Fortsetzung der Tour müsst ihr kurz vorher rechts in die Luchstraße, aber der Abstecher zum Seeufer lohnt sich: Es gibt Bänke für eine Rast mit schönem Blick und die Möglichkeit, sich kurz abzukühlen. Der

Das Strandbad Zeesen ist eine von drei Bademöglichkeiten auf dieser Tour

Ein angenehmer Rastplatz auf der Streuobstwiese vor Zeesen

Einstieg ins Wasser ist nicht ganz so flach und etwas morastig, aber trotzdem für Kinder geeignet.

Von Senzig zur Schleuse Neue Mühle — km 8–10,5

Über die Luchstraße radelt ihr an kleinen Villen und großen Bungalows vorbei und gelangt in leichtem Rechtsbogen an die Gräbendorfer Straße, wo ihr nach links abbiegt um anschließend erneut links kurz der Landstraße zu folgen. Von dieser biegt ihr kurz darauf halb rechts wieder in den Wald des **Tiergartens** ein. Hübsch gleitet ihr nun durch die altehrwürdigen Buchen und erreicht die Tiergartenstraße. Biegt rechts ab.

Wenn ihr den Kirchsteig links seht, ist der Bahnhof nur noch etwa zehn Minuten entfernt.

Die **Schleuse Neue Mühle** über die Dahme liegt nur hundert Meter vor euch. Die Ursprünge der Schleuse reichen ins 17. Jahrhundert zurück. Kinder können hier nicht nur die Schleuse selbst bestaunen: Wenn ihr Glück habt, öffnet sich auch die darüber führende Zugbrücke.

Hier gibt's einiges zu sehen: Bootsverkehr an der Schleuse Neue Mühle

Abstecher zum Strandbad Neue Mühle

Falls noch Zeit bleibt, bietet die Umgebung noch ein paar schöne Aktivitäten: Die Uferpromenade auf der anderen Dahmeseite (hinter der Schleuse rechts in die Zernsdorfer Straße und kurz darauf zur Uferpromenade Richtung Wasser abbiegen) hält schöne, sonnige Rastplätze bereit. Etwa 600 Meter weiter findet ihr das schöne **Strandbad Neue Mühle:** Neben Badestelle, Tischtennis und einer riesigen Rutsche gibt es hier auch Ruderboote zu leihen.

km 10,5–12 **Von der Schleuse Neue Mühle zurück zum Bahnhof**

Zurück zum Bahnhof gelangt ihr wieder über den Kirchsteig. Achtet darauf, dass ihr auf Höhe des Fasanenwegs links neben der Fahrbahn auf den Radweg fahrt. Nicht weit vom Bahnhof lohnt in Königs Wusterhausen übrigens auch das **Schloss** einen Abstecher. Südlich vom **Schlosspark** gibt es einen weitläufigen **Spielplatz** mit Wasserläufen zum Aufstauen und Planschen.

Wie ist in Königs Wusterhausen der Rundfunk entstanden?

„Hallo, hallo, hier Königs Wusterhausen auf Welle 2700!" So ähnlich begann vor etwas über 100 Jahren wohl die erste Radiosendung in Deutschland. Doch kaum jemand konnte zuhören, denn damals waren Radios keine alltägliche Sache, die jeder zu Hause hatte. Also verpassten viele das erste Weihnachtskonzert, das einige Beamte der deutschen Reichspost in Dezember 1920 live in Königs Wusterhausen spielten und per Funk übertrugen. Seitdem gilt der Funkerberg in Königs Wusterhausen als Geburtsstätte des öffentlichen Rundfunks in Deutschland.

Bis es soweit war, waren aber viele Erfindungen und Experimente nötig: Seit 1840 konnte man Signale mit der Telegrafie übertragen. Später wurde eine Art Mikrofon erfunden. Ingenieure und Techniker versuchten, Nachrichten durch die Luft zu schicken. Im Ersten Weltkrieg wurden bereits Funkgeräte benutzt und der Funkerberg wurde zu einer Militärfunkstation. Aber auch Textnachrichten konnten von dort aus geschickt werden. Es funktionierte allerdings noch mithilfe des Morsealphabets.

Nach dem Ersten Weltkrieg übernahm die deutsche Reichspost die Funkstation. Man begann damit zu experimentieren, Sprache und Musik zu übertragen. Und dann hatte es ein erstes Mal geklappt! In den nächsten Jahren entstanden mehr Sendeanlagen und auch mehr Menschen konnten sich ein Radio leisten – damals übrigens nur mit Kopfhörern, denn der Lautsprecher war noch nicht erfunden! 1923 startete der öffentliche Rundfunk mit einem einstündigen Programm, es hieß „Funk-Stunde Berlin" und spielte Musik von Schallplatten und Nachrichten. So begann der Weg hin zum Massenmedium.

Rathaus Steglitz – Teltow Stadt

7 Ein kleiner Radausflug mit dreierlei Spielplätzen

Start	Ziel	Länge	Fahrzeit	Schwierigkeit
S- und U-Bhf. Rathaus Steglitz	S-Bhf. Teltow Stadt	9 km	1 Std.	● leicht

Viel im Grünen führt diese kurze Stadt-Radtour am Teltowkanal entlang. Sie eignet sich gut für kleinere Kinder, die noch nicht so lange im Sattel sitzen: Der Radweg ist sicher ausgebaut und in regelmäßigen Abständen kommt ihr an insgesamt drei netten Spielplätze zum Austoben vorbei. Ein leckeres Eis oder ein Besuch im Vogelpark und Streichelzoo in Teltow am Ende der Tour stellen eine zusätzliche Motivation dar. Ist die Tour für eure Kinder zu einfach? Dann hängt die Tour 8 dran und radelt noch elf Kilometer weiter bis zum S-Bahnhof Wannsee.

Der Teltowkanal: Gebaut vor über 100 Jahren als Wasser-Umgehungsstraße für Berlin

Infos zur Tour

Anfahrt
S- und U-Bhf. Rathaus Steglitz (S1 von Berlin-Friedrichstraße alle 10 Min. (20 Min.), U9 alle 5 Min.)

Rückfahrt
S-Bhf. Teltow Stadt (S25/S26 nach Berlin-Friedrichstraße, am Wochenende alle 20 Min., sonst öfter, 30 Min.)

Streckenverlauf
S-Bhf. Rathaus Steglitz – Bäke-Park – entlang des Teltowkanals – Berliner Mauerweg – S-Bhf. Teltow Stadt

Variante:
Kombination mit Tour 8 (zusammen rund 20 km)

Streckencharakteristik
Viel im Grünen und schattig unter Bäumen führt diese kurze Stadtradtour. Der Weg entlang des Teltowkanals ist gut markiert und gut befahrbar.

Wegbeschaffenheit
Für Anfänger gut geeignet, nur rechnet an schönen Wochenenden mit viel Radverkehr.

Beschilderung
Richtung Teltow

Spielplätze
Dschungelspielplatz im Bäkepark, am Teltowkanal hinter der Emil-Schulz-Brücke und an der „Ländergrenze“

Baden
Sommerbad Lichterfelde „Spucki“
Hindenburgdamm 9 · 12203 Berlin · (0 30) 89 00 07 01 · www.sommerbad-spucki.com · Juni–Sep. tgl. 10–19 Uhr · Eintritt: 8 € / 5 €
Kleines Sommerbad mit Liegewiese und Kiosk, nur leider oft sehr voll, was sich mit einem Besuch am Vormittag vermeiden lässt.

Besichtigungen
Vogelpark und Streichelzoo Teltow
Kastanienstraße 13–19 · 14513 Teltow · (01 71) 3 86 17 63 · www.vogelpark-streichelzoo-teltow.de ·
Di–So 10–18 Uhr, im Winter bis 17 Uhr · 3,50 €, Kinder 2,50 €
Von Ara bis Zebrafink, vom Zwergkaninchen bis zum Esel – über 300 Tiere, mit Spielplatz und Bistro.

Einkehren
Restaurant Schlosspark-Grill · Berlin-Lichterfelde
Bäkestraße 9 · 12207 Berlin · (0 30) 8 33 56 53 · www.schlosspark-grill.de · tgl. ab 11.30 Uhr
Gute, aber vor allem fleischorientierte Küche aus dem Balkan (Klassiker: Cevapcici). Außenbereich und Spielecke für die jüngsten Gäste. Kindergerichte gibt es auf der Karte auch.

Palinerò Eismanufaktur ·Teltow
Zehlendorfer Str. 21 · 14513 Teltow · (0 33 28) 3 56 64 00 ·
im Sommer Di–So 12–20 Uhr
Hier bekommt ihr, was zu einer erfolgreichen Tour gehört: leckeres Eis als Belohnung für tapfere Radfahrerinnen und Radfahrer.

km 0–3,7 **Vom Rathaus Steglitz zum Spielplatz am Teltowkanal**

Den **S-Bahnhof Rathaus Steglitz** verlasst ihr in Richtung Mittelstraße/Berlinickestraße. Die Tour führt nach rechts in die Berlinickestraße, die nach rund 350 Metern eine Linkskurve macht. Hier fahrt ihr praktisch geradeaus weiter durch einen kleinen Park und erreicht gleich eine große Kreuzung mit Ampel. Ihr überquert die Birkbuschstraße und fahrt auf dieser links weiter (für Kleinkinder gibt es einen breiten Gehweg), biegt aber schon nach nur wenigen Metern rechts in die Oberlinstraße ein. Dies ist eine ruhige Straße mit Tempo 30, die nach einer sanften Linkskurve direkt in den **Bäke-Park** führt. Schon radelt ihr entspannt unter Bäumen.

Ihr durchquert den schmalen, langgezogenen Park, der nach dem kleinen Bach **Bäke** benannt ist. Dabei müsst ihr zwei kleinere Straßen überqueren – einmal mit Zebra-Streifen, einmal ohne. Aber Zebras trefft ihr bald wieder, und zwar auf dem **Dschungelspielplatz** links vom **Bäketeich.** Es gibt sogar drei Spielplätze in diesem Park, aber der Dschungelspielplatz ist bei Kindern wegen seiner vielen Kletter- und Schaukelmöglichkeiten der beliebteste. Dort kann der wilde Nachwuchs nicht nur über Netze und auf Holzgerüste klettern, sondern auch auf hölzernen Giraffen, Riesenameisen und Zebras reiten.

Wenn die Kinder sich ausgetobt haben, schwingt ihr euch wieder in den Sattel. Der Weg bringt euch gleich zum **Teltowkanal,** der sich zunächst noch hinter Gebüsch versteckt. Ihm werdet ihr heute folgen. Stellt euch vor, dass dort, wo ihr gerade radelt, vor hundert Jahren Gleisen lagen. Statt Fahrrädern fuhren hier Elektroloks, die die Schiffe auf dem Wasser gezogen haben. Wenn ihr mehr über die Geschichte des Kanals wissen wollt, blättert ans Ende des Kapitels.

Helikoptereinsatz am Klinikum

Am Ufer fahrt ihr rechts Richtung Teltow (durchgehend ausgeschildert) und dann immer geradeaus weiter auf dem gut ausgebauten, breiten Radweg. Gleich unterquert ihr den **Heliport** des Charité-Universitätsklinikums und wenig später seht ihr rechts durch die Bäume den sogenannten **Mäusebunker,** eine Architektur-Ikone der Westberliner Nachkriegsmoderne

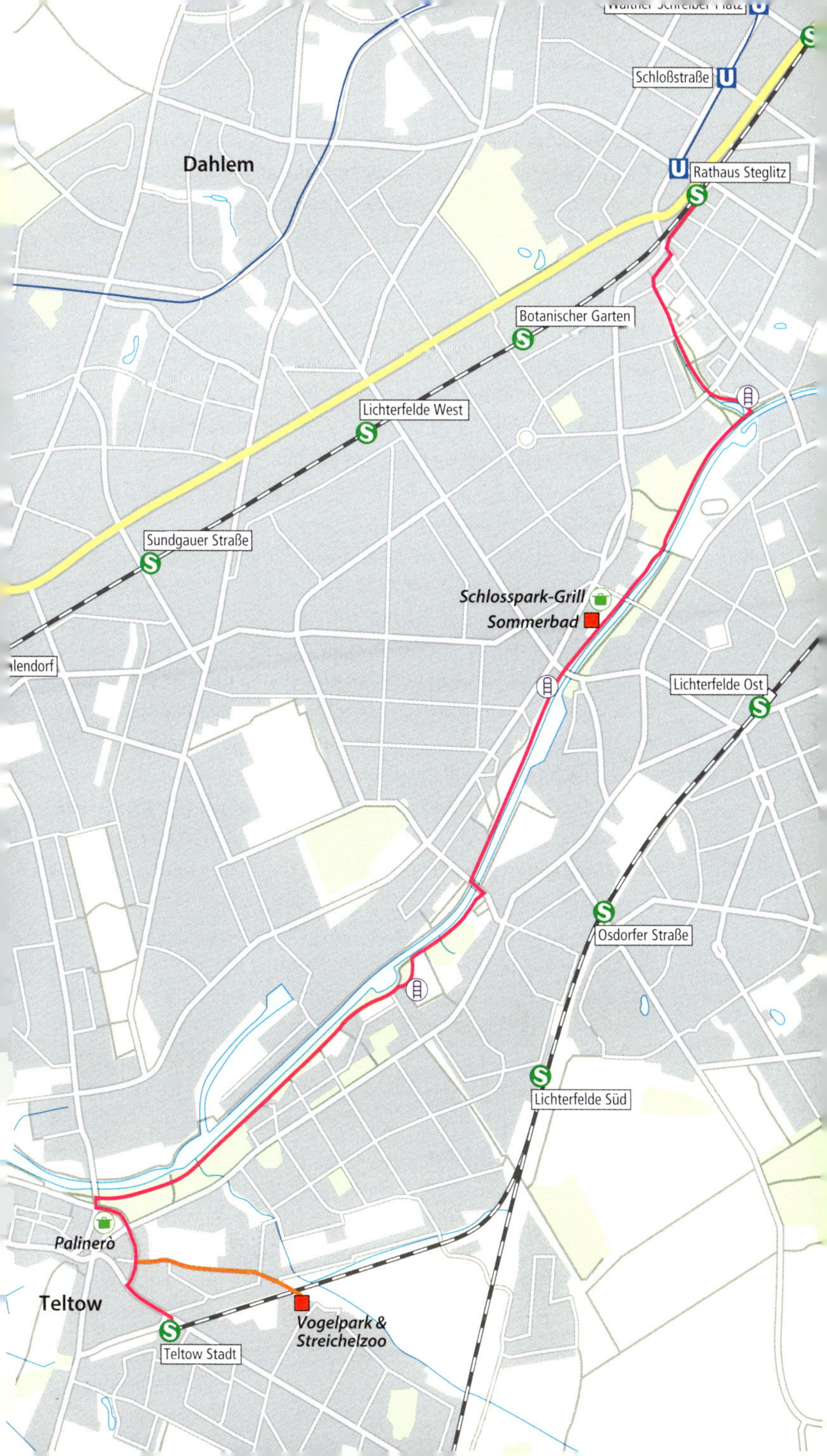
Schloßstraße
Dahlem
Rathaus Steglitz
Botanischer Garten
Lichterfelde West
Sundgauer Straße
Schlosspark-Grill
Sommerbad
Lichterfelde Ost
Osdorfer Straße
Lichterfelde Süd
Palinerò
Teltow
Vogelpark &
Streichelzoo
Teltow Stadt

im Stil des Brutalismus. Dort befanden sich einst die Tierversuchslabore der Universität. Vor einigen Jahren drohte dem klotzigen Bauwerk der Abriss, es haben sich aber viele Stimmen für seinen Erhalt ausgesprochen. Der Abriss ist erst einmal gestoppt.

Ihr radelt immer weiter im Grünen. Fast vergisst man, dass man sich noch auf Hauptstadtgebiet befindet. Ab und zu queren Straßen, die ihr entweder auf engeren Wegen unterfahren oder überqueren müsst. Da es sich hier um einen sehr beliebten und belebten Radweg handelt, ist der Verkehr auf den Straßen meistens durch Verkehrsinseln verlangsamt. Kurz nach der **Bäkebrücke** bietet sich das **Sommerbad Lichterfelde** an sonnigen Sommertagen für einen Zwischenstopp an. Der Eingang liegt allerdings nicht am Radweg, sondern auf der gegenüberliegen Seite am Hindenburgdamm.

Über die **Emil-Schulz-Brücke** könnt ihr kurz auf die andere Seite des Kanals fahren, denn dort befindet sich ein ungewöhnliches **Denkmal** in Form eines Schiffs und einer Lok. Die beiden erinnern an Zeiten, in denen die Schiffe auf dem Teltowkanal von elektrischen Lokomotiven gezogen wurden. Die Schienen lagen damals auf beiden Seiten des Kanals, Strom kam aus dem Kraftwerk Schönow. Die Radtour führt allerdings weiter am westlichen Ufer. Das Wasser hier ist schon zu sehen, gegenüber ragen noch die Schlote des **Heizkraftwerks Lichterfelde** hervor. Seit auf dem Gelände ein

Einer von drei schönen Spielplätzen auf dieser Tour

Auf den schattigen Wegen am Kanal fährt es sich angenehm

neues, moderneres Kraftwerk ans Netz ging, sind sie außer Betrieb und sollen bis 2025 rückgebaut werden. Kurz hinter der Emil-Schulz-Brücke erreicht ihr schon den nächsten **Spielplatz** am Teltowkanal mit begeisternden Kletter- und Spielmöglichkeiten, auf der Grünfläche lässt sich entspannt rasten.

Vom Spielplatz am Teltowkanal nach Teltow — km 3,7–9

Ihr folgt weiter dem Kanal bis zur nächsten Brücke. Zur Rechten seht ihr die **Säule der Gefangenen,** ein Denkmal, das an die Opfer des KZ-Außenlagers Lichterfelde erinnert.

Da der Weg am nördlichen Ufer später zu einem schmalen und im Sommer sehr bewachsenen Fußweg wird, überquert ihr an der Brücke den Kanal und setzt die Tour am anderen Ufer fort. Dort befindet sich auch der dritte **Spielplatz,** ein großes, sonniges Gelände direkt an der „Ländergrenze" zu Brandenburg. Während die Kleinen Spaß mit der Seilbahn haben oder auf dem langen und verworrenen Netz- und Holzgerüst herumklettern, können sich die Eltern in der Rasthütte daneben schön im Schatten ausruhen.

Dass ihr von nun an in Brandenburg seid, merkt ihr an der Ausschilderung **Berliner Mauerweg.** Dieser Rad- und Fußweg hat sich gleich hinter dem Spielplatz von links dazugesellt, ist asphaltiert und gut bezeichnet. Auf **Gedenktafeln** am Wegesrand könnt ihr etwas über die Schicksale von Menschen erfahren, denen die Flucht aus der DDR nach West-Berlin nicht gelungen ist.

Bald erreicht ihr die große Zehlendorfer Straße und biegt links nach **Teltow** ab. Eine Variante wäre, rechts über die Brücke zu radeln und die Tour 8 (▸ Seite 68) bis Wannsee (mit zusätzlichen 11,5 oder sogar 14 Kilometern) anzuschließen. Wer zum **S-Bahnhof Teltow Stadt** will, orientiert sich an folgender Wegbeschreibung:

Nach dem Abbiegen in die Zehlendorfer Straße kommt ihr gleich zu einem Kreisverkehr. Schräg gegenüber am Kreisel seht ihr ein weißes Haus mit unwiderstehlichem Angebot: die **Eismanufaktur Palinerò.** Davor führt der Weg rechts in die Schönower Straße. Sie ist zwar nicht die schönste (vorbei an Supermärkten, Autohäusern und Parkplätzen), verfügt aber über einen baulich getrennten Radweg.

Ihr fahrt geradeaus über mehrere weitere Verkehrskreisel. Am dritten Kreisel besteht die Möglichkeit, einen Abstecher zum **Vogelpark und Streichelzoo** zu machen.

⇨ Abstecher zum Vogelpark und Streichelzoo

Bis dorthin sind es nur etwa 1,2 Kilometer. Um hinzukommen, fahrt ihr am dritten Kreisel (rechts ist ein großer REWE) links in die Osdorfer Straße und dann immer geradeaus auf dem Heinersdorfer Weg, bis die Straße endet und geradeaus nur ein Weg weiterführt. Der bringt euch über die Gleise und an Pferdekoppeln vorbei direkt zum Vogelpark. Ihr hört schon aus der Ferne das laute Vogelgezwitscher.

Wer gleich zum S-Bahnhof fahren möchte, radelt am Kreisel weiter geradeaus bis zum Ende der Schönower Straße und biegt dann links in die Mahlower Straße ab. Es gibt einen getrennten Radweg bis zum S-Bahnhof. Die als S-Bahnzüge bemalten Sitzgelegenheiten auf dem Bahnhofsvorplatz sind garantiert noch ein letztes Highlight für die ganz Kleinen auf dieser Tour.

Warum wurde der Teltowkanal gebaut?

Es ist gegen Ende des 19. Jahrhunderts. Viele Waren werden auf Schiffen transportiert, doch in Berlin gibt es ein Problem: Die Schiffe auf der Spree oder auf dem Landwehrkanal stehen oft im Stau. Da setzt sich ein Mann für seine Idee ein: Er will einen neuen Kanal als Wasserstraße bauen. Dieser soll nicht nur den Wasserverkehr in Berlin entlasten, sondern auch Wachstum für das Teltower Land südlich der Stadt bringen. Der Kanal soll das Wasser der Felder aufnehmen und so mehr Bauland für Wohnhäuser und auch für Industrie schaffen. Der Mann hieß Ernst von Stubenrauch, er war Landrat des Teltower Lands.

Im Jahr 1900 begannen die Arbeiten. Ein Abschnitt – an dem ihr heute entlang radelt – nutzte das Flussbett des Baches Bäke. Andere Abschnitte mussten ganz neu gegraben werden. Es dauerte sechs Jahre, bis der Kanal fertig war: er ist 37,84 Kilometer lang und führt von Klein Glienicke bis zur Dahme bei Grünau.

Und wie wurden die Kähne, die ohne Antrieb waren, bewegt? Um die Gegend vor Lärm und Schmutz zu schützen, ließ man sie von elektrischen Loks ziehen. Auf beiden Seiten des Kanals wurden Gleise gelegt und die Lokomotiven zogen die Schiffe mit einer Schleppleine. Eine solche Lok findet ihr heute als Denkmal am Kanal. Um Strom für die Loks herzustellen, wurde ein neues Kraftwerk gebaut (Tour 8 führt hier vorbei).

Da Deutschland nach dem Krieg geteilt wurde und die DDR und West-Berlin sich nicht über den Wasserverkehr auf dem an der Grenze liegenden Teltowkanal einigen konnten, fuhren hier für rund 30 Jahre gar keine Schiffe. Erst 1981 wurde ein Teil des Kanals geöffnet, nach dem Mauerfall dann die ganze Strecke.

Teltow Stadt – Wannsee

8 Auf der Geisterautobahn – „Grenzerfahrung“ am Teltowkanal

Start	Ziel	Länge	Fahrzeit	Schwierigkeit
S-Bhf. Teltow Stadt	Bahnhof Wannsee	12 km (15 km)	1,5 Std. (2 Std.)	● leicht (● mittel)

Auf dieser Tour berührt ihr immer wieder die frühere deutsch-deutsche Grenze: erst am Teltowkanal, dann am ehemaligen Grenzübergang Drewitz-Dreilinden, wo am verbliebenen Wachturm die Geschichte des Grenzgebiets anschaulich erzählt wird. Schließlich erreicht man im Düppeler Forst wieder den Mauerweg. Abenteuerlustige können im Kiefernwald der verschwundenen Autobahn A115 folgen und eine Bahnbrücke ohne Anschluss entdecken – auch diese waren einst der Grenzziehung zum Opfer gefallen. Vorher aber geht's zur Machnower Schleuse, deren Geschichte weit vor die deutsche Teilung zurückreicht. Die faszinierende Konstruktion ist hundert Jahre alt.

Nördlich von Teltow bildet der Teltowkanal die Grenze zwischen Berlin und Brandenburg

Infos zur Tour

Anfahrt
S-Bhf. Teltow Stadt (S25/S26 von Berlin-Friedrichstraße, am Wochenende alle 20 Min., sonst häufiger, 30 Min.)

Rückfahrt
Bahnhof Wannsee (RE1, RE7 oder S7 nach Berlin Hbf, oft, 20–30 Min.)

Streckenverlauf
Teltow Stadt – Teltow Kanal – Buschgraben – Bäketal – Machnower Schleuse – Checkpoint Bravo – (Düppeler Forst) – Bhf. Wannsee

Variante
Im Anschluss an Tour 7 (+9 km). Umweg im Düppeler Forst auf den Spuren der Vergangenheit (+3 km)

Streckencharakteristik
Empfehlenswert im Frühling oder Herbst, denn der Weg bietet nur wenige schattige Stellen. Ihr radelt lange im Grünen und entlang des Kanals auf gut ausgebauten Radwegen, etwa ein Drittel der Strecke straßenbegleitend oder auf ruhigen Nebenstraßen. Einzelne sandige Stellen gibt es auf dem Umweg durch den Düppeler Forst.

Beschilderung
Berliner Mauerweg, Kanalauenweg

Spielplätze
Kleiner Spielplatz nach ca. 4 km

Baden
Freibad Kiebitzberge
Fontanestraße 30 · 14532 Kleinmachnow · www.freibadkiebitzberge.de · Mai–Okt. · 5,50 € / Kinder 3,50 € / Familien 9–13,50 €
Großes Schwimmerbecken, Nichtschwimmerbecken, Planschbecken, Sauna und Spielplatz.

Besichtigungen
Machnower Schleuse
Stahnsdorfer Damm 1 · 14532 Kleinmachnow · (03 32 03) 5 77 73 · Sa/So/Fei 12–18 Uhr
Kurz und bildlich wird in der Schleusnerbude über die Besonderheiten der Schleuse und ihrer Umgebung informiert. Auch die kleine Ausstellung im Straßenbahnwagen der Linie 96 ist zwischen April und Oktober zu diesen Zeiten geöffnet.

Erinnerungs- und Begegnungsstätte Drewitz-Dreilinden/Checkpoint Bravo
Albert-Einstein-Ring 45a/Ecke Stahnsdorfer Damm · 14532 Kleinmachnow · www.checkpoint-bravo.de
Die Open-Air-Ausstellung zur deutsch-deutschen Grenzübergangsstelle ist immer zugänglich. Der Wachturm mit Sonderausstellungen öffnet sonntags zwischen 11 und 16 Uhr. Eintritt frei.

Einkehren
BAPU Restaurant · Kleinmachnow
Stahnsdorfer Damm 19 · 14532 Kleinmachnow · (03 32 03) 2 47 70 · www.bapu-restaurant.de · Di–So 12–22 Uhr
Kinderfreundliches Restaurant mit großem Außenbereich, Blick auf Schleuse und Kanal, Mini-Spielplatz für die Kleinen. Indisches Essen, dabei auch drei Kindergerichte.

km 0–3,5 Von Teltow Stadt nach Buschgraben

Am **Bahnhof Teltow Stadt** angekommen, geht ihr vom Aufzug links über die Brücke zum Bahnhofsvorplatz, wo Sitzgelegenheiten als Miniatur-S-Bahnen gestaltet sind und eine 10 Meter hohe Skulptur des „Teltower Rübchens“ steht, für dessen Anbau die Region bekannt ist. An der Stahlkonstruktion aufgehängte Tonreliefs porträtieren verschiedene Aspekte der Stadt. Die einstige Ackerbürgerstadt, in der Landwirtschaft die wirtschaftliche Grundlage darstellte, hat sich mit dem Bau des Teltowkanals Anfang des 20. Jahrhunderts zunehmend Richtung Industrie orientiert. Das Stadtrecht besitzt Teltow schon seit 1265, also ähnlich wie Berlin.

Die Tour verläuft durch die Stadt und dann am **Teltowkanal** entlang. Ihr überquert den Bahnhofsplatz und fahrt auf dem Radweg entlang der Mahlower Straße nach links Richtung Altstadt und immer geradeaus weiter auf der Potsdamer Straße, bis ihr auf der linken Seite einen Fahrradladen seht. Hier biegt ihr rechts ab und folgt der Bäckerstraße zum **Markt.** Dort steht das neue Rathaus, ein Denkmal für den Teltowkanal und um die Ecke die **Stadtkirche St. Andreas,** die aus dem 12. Jahrhundert stammt. Weiter geht es durch die Badstraße (die direkte Verlängerung der Bäckerstraße auf der anderen Seite des Markts) zur Zeppelinstraße. Diese überquert ihr geradeaus und folgt dem asphaltierten Radweg, der (noch hinter dem straßenbegleitenden Radweg) nach rechts im Grünen verläuft. So erreicht ihr nach wenigen Metern die **Knesebeckbrücke** über den Teltowkanal. Der Kanal wurde 1906 eröffnet und verbindet Spree und Havel (▸ Seite 67).

Fahrt über die Brücke und gleich dahinter links auf den **Berliner Mauerweg.** Schon öffnet sich der Blick zum Wasser und auf den gegenüberliegenden Teltower Hafen. Ihr folgt dem

Auf der anderen Seite der Brücke liegt Berlin

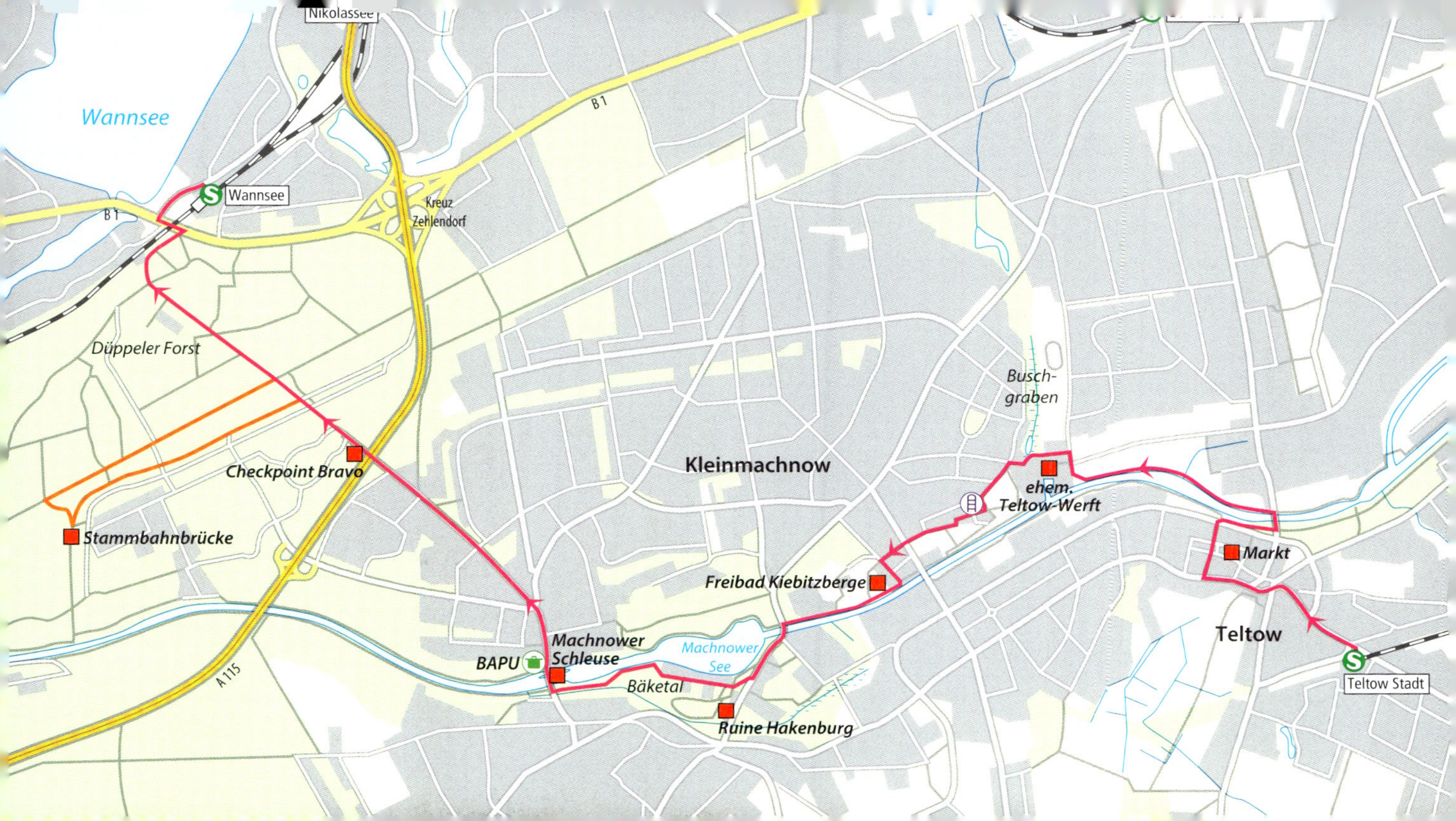

Nikolassee
Wannsee
B 1
Wannsee
B 1
Kreuz
Zehlendorf
Düppeler Forst
Checkpoint Bravo
Stammbahnbrücke
A 115
Kleinmachnow
Busch-
graben
ehem.
Teltow-Werft
Markt
Freibad Kiebitzberge
Teltow
Machnower
Schleuse
BAPU
Machnower
See
Bäketal
Ruine Hakenburg
Teltow Stadt

Radweg nach rechts und wieder links um das Gelände der **ehemaligen Teltow-Werft,** wo sich das Kraftwerk Schönow, der Bauhafen und die Werkstätten für den Treidelbetrieb am Kanal befanden. Dahinter erreicht ihr das Seniorenheim Augustinum. Achtung: Während der Berliner Mauerweg hier nach rechts abbiegt, bleibt ihr auf dem Weg geradeaus durch die Seniorenresidenz. Hier sind Umlaufgitter auf dem Weg, um Radfahrende abzubremsen. Vorsichtig fahren ist hier natürlich besonders wichtig. Der Weg ist mit zwei übereinander stehenden Wellen markiert, Kanalauenweg genannt, und verläuft zwischen der Residenz und dem **Feuchtbiotop Buschgraben.** Dieses Stück geschützte Landschaft (das sich weiter nach Norden bis zum Buschgrabensee ausdehnt) hat sich in der letzten Eiszeit gebildet.

km 3,5–7,3

Vom Buschgraben zur Machnower Schleuse

Folgt dem Kanalauenweg über den Residenzparkplatz und dann links auf den wenig befahrenen Erlenweg. Um die Ecke entdeckt ihr einen kleinen **Spielplatz** mit Kletterbogen, Rutsche und Sitzbänken. Dahinter biegt der Weg rechts ab und es geht auf Kopfsteinpflaster bzw. unbefestigten Wegen durch ein Kleingartengebiet. Über eine Ampelkreuzung fahrt ihr geradeaus weiter bis zum **Freibad Kiebitzberge.**

Ein angenehmer Radweg führt links am Freibad vorbei und bringt euch wieder zum Kanal. Rechts am Wasser entlang fahrt ihr schön im Schatten der Bäume. Nach nicht ganz einem Kilometer bietet sich von der **Friedensbrücke** eine schöne Aussicht auf den weitläufigen **Machnower See.** Ihr folgt dem Radweg am Zehlendorfer Damm nach links und biegt noch vor der Dorfkirche Kleinmachnow rechts ab. Die Kopfsteinpflaster-Allee am Forsthaus ist etwas holperig und auf den ersten Blick leicht zu übersehen, kurz darauf taucht aber links ein Pfad auf, auf dem ihr bequemer entlangfahren könnt, und wenig später verwandelt sich die Allee in einen Radweg.

Wenn ihr noch genug Zeit habt, könnt ihr auch die Gegend links von euch erkunden: Genießt die Ruhe im geschützten **Bäketal,** durch das auch ein Lehrpfad führt, oder schaut euch die Bauten an, die eng mit der Familie von Hake verbunden sind, etwa die Backstein-Kirche, die **Ruinen der Alten Hakeburg,** die Wassermühle oder das Medusenportal. Über Jahrhunderte waren die von Hakes die Herren des Gutes Kleinmachnow.

Ein Besuchermagnet ist die Machnower Schleuse schon seit 100 Jahren

Die Allee am Forsthaus bringt euch direkt zum Wasser. Bis zur Schleuse sind es dann nur noch 650 Meter. Am belebten Stahnsdorfer Damm angekommen, seht ihr rechts von euch die Straßenbahn der Linie 96 parken. Dahinter ragen bereits die hohen Aufbauten der **Machnower Schleuse** hervor.

Von der Machnower Schleuse bis in den Düppeler Forst

km 7,3–10

Die Machnower Schleuse ist ein wichtiger Teil des Teltowkanals. Sie wurde zwischen 1902 und 1905 errichtet, um den Höhenunterschied zwischen Spree und Havel zu überwinden. Für viele Ausflügler aus Berlin und Umgebung bot sich hier ein spannendes Ziel. Deshalb wurde damals die seit 1888 betriebene Straßenbahnstrecke zwischen dem heutigen Lichterfelde-Ost und Teltow bis zur Schleuse erweitert. Später verband die Linie 96 die Schleuse mit Berlin-Mitte. Nach dem Zweiten Weltkrieg musste am Übergang vom amerikanischen zum sowjetischen Sektor jeweils der Schaffner wechseln, 1961 wurde die Linie eingestellt. Diese Nahverkehrs-Geschichte erzählt das kleine **Museum** in dem **alten Straßenbahnwaggon.**

Von der Schleuse führt der Weg über die Brücke und weiter geradeaus zwischen Familienhäusern auf dem Stahnsdorfer Damm, dem ihr für knappe zwei Kilometer folgt. Der Radweg verläuft auf dem Gehweg. So überquert ihr die Autobahn A115 und biegt dann vor dem Kreisverkehr links ab. Dort führt ein schmaler Weg zur Erinnerungsstätte **Checkpoint Bravo.** Heutzutage ist dort nur ein Wachturm geblieben und mehrere Infotafeln, die über diesen Grenzübergang zwischen West-Berlin und DDR erzählen.

Fahrt zurück zum Kreisverkehr und folgt nun der Straße weiter, auf der ihr gekommen seid. Bald wird sie zu einem asphaltierten Radweg, der durch den **Düppeler Forst** führt. Es geht stets geradeaus. Im Forst versteckt liegen viele Spuren der Vergangenheit, die ihr auf einem Abstecher von etwa 3 Kilometer Länge entdecken könnt.

Abstecher durch den Düppeler Forst

+ 3 km Während ihr gemütlich durch den Düppeler Forst radelt, öffnet sich plötzlich nach rechts und links eine breite Schneise. Hier verlief einmal die **Autobahn A115.** Warum die Route jetzt drei Kilometer südlich entlangführt, könnt ihr am Ende des Kapitels nachlesen. Nehmt den unbefestigten Weg nach links bergab und folgt ihm geradeaus auf der unsichtbaren Autobahn. Nach circa 1,5 Kilometern erreicht ihr eine verlassene und ganz und gar mit Graffiti bedeckte Eisenbahnbrücke, die sogenannte **Stammbahnbrücke** – Überbleibsel der alten Eisenbahnverbindung zwischen Berlin und Potsdam, die zwischen 1838 und 1945 in Betrieb war. Nördlich der verschwundenen Autobahn befindet sich eine weitere Brücke und Gleisreste der einspurigen Friedhofsbahn, die die Stadt Anfang des 20. Jahrhunderts mit dem Stahnsdorfer Friedhof verband. Fahrt nach eurer Entdeckungsreise zurück zum Radweg – am besten auf dem **Berliner Mauerweg**. Dieser kleine Umweg ist insgesamt rund 3 Kilometer lang.

---

km 10–12

Von der Schneise der alten A 115 nach Wannsee

Ihr folgt nun dem Radweg durch den Forst bis zur Potsdamer Chaussee (B1). Diese überquert ihr und fahrt auf dem getrennten Radweg links in Richtung Wannsee. Biegt hinter der Bahnunterführung rechts ab. Es folgt nur noch ein kurzer, sanfter Anstieg zum S-Bahnhof – mit Blick über den **Wannsee** zu eurer Linken. Der Aufzug zum Bahnhof liegt allerdings auf der anderen Straßenseite.

Wie lebte man mit der deutsch-deutschen Grenze?

Weil es nach dem Zweiten Weltkrieg keine Einigung darüber gab, was für ein Land Deutschland werden sollte und wie die Menschen leben sollten, entstanden 1949 zwei Deutschlands. Im Osten die Deutsche Demokratische Republik (DDR), im Westen die Bundesrepublik Deutschland (BRD). Die Stadt Berlin lag im Ost-Teil, aber sie wurde noch mal extra aufgeteilt. West-Berlin lag nun sozusagen als Insel mitten im DDR-Meer.

Die Grenze zwischen den beiden deutschen Ländern war streng bewacht. Um die Insel West-Berlin wurde sogar eine Mauer herumgebaut. Es gab nur wenige Grenzübergänge, die alle strengstens kontrolliert wurden, einer davon war der Checkpoint Bravo am Teltowkanal.

Sogar eine Autobahn musste verlegt werden, weil man auf ihr leicht aus DDR-Gebiet nach West-Berlin hätte gelangen können. Man verlegte die Strecke drei Kilometer nach Süden, damit man sie besser kontrollieren konnte. Denn die A 115 verband die Insel West-Berlin mit der restlichen BRD. Wer dort fahren wollte, brauchte eine Erlaubnis und Geduld für sehr lange Kontrollen. 1 000 Grenzsoldaten passten dort auf, neueste Überwachungstechnik wurde benutzt. Unterwegs war es verboten, die Autobahn zu verlassen, sich mit Leuten aus der DDR zu unterhalten oder Pausen außerhalb bestimmter Raststätten zu machen. Alles wurde kontrolliert.

Heute erinnert an die Grenzübergänge, die dortigen Kontrollen und langwierigen Überprüfungen nur der verbliebene DDR-Wachturm. Die alte, stillgelegte Autobahn gab es noch bis 1994, danach wurde der Betonbelag beseitigt. Sie ist jetzt nur noch ein grüner Streifen im Wald.

Spandau – Kladow (und mit der Fähre nach Wannsee)

9 Tief im Westen – mit der Havel von Spandau zum Wannsee

Start	Ziel	Länge	Fahrzeit	Schwierigkeit
Bahnhof Spandau	Bahnhof Wannsee	14 km (16 km)	3 Std. (3,5 Std.)	● leicht

An der Havel entlang führt euch diese abwechslungsreiche Tour durch das Gebiet am westlichen Rand Berlins. Die Strecke verläuft größtenteils auf Parkwegen, für kurze Strecken auf wenig befahrenen Straßen. Neben der malerischen Spandauer Altstadt bietet die Tour als Highlight für Kinder den Besuch des Vierfelderhofs sowie einige ausgefallene Spielplätze. Auch der Badespaß kommt nicht zu kurz: Es gibt schöne Badestellen mit flachem Einstieg. Als krönenden Abschluss könnt ihr die Fahrt mit der BVG-Fähre über den Wannsee genießen, der ja eigentlich auch nur eine große Ausbuchtung der Havel ist.

Schön breit ist die Havel bei Gatow und erlaubt einen Blick auf den Grunewald gegenüber

Infos zur Tour

Anfahrt
Bahnhof Spandau (S-Bahn, RE, RB, viele Verbindungen, ca. 15 Min. ab Berlin Hbf)

Rückfahrt
Bahnhof Wannsee (S-Bahn, RE, RB, viele Verbindungen, ca. 20 Min. bis Berlin Hbf)

Streckenverlauf
Spandau – (Altstadt Spandau) – Grimnitzpark – Scharfe Lanke – Gatow – Kinderbauernhof Vierfelderhof – Kladow – Fähre F10 – Bhf. Wannsee

Streckencharakteristik
Entlang des Ufers und teils durch Wohngebiete. Trotz kurzer Abschnitte auf kaum befahrenen Straßen sehr gut für Anfänger geeignet.

Wegbeschaffenheit
Durchgehend gut befestigt und klar ausgezeichnet auf dem Havelradweg.

Beschilderung
Havelradweg

Spielplätze
Viele schöne Spielplätze entlang des Havelradwegs
Schöner, großer Spielplatz oberhalb des Hafens in Alt-Kladow

Baden
Badestellen
an der Havel zwischen Gatow und Kladow

Besichtigungen
Kinderbauernhof Vierfelderhof
Groß-Glienicker Weg 30 · 14089 Berlin/Gatow · (0 30) 3 69 96 90 · www.vierfelderhof.de ·
Mi–So 10–18 Uhr
Sympathischer Hof, idyllisch eingebettet zwischen Feldern und Weiden. Schweine, Esel, Hasen, Hühner und andere Tiere können mit angebotenem Futter gefüttert werden. Hofladen und Hofcafé stellen die Versorgung mit Getränken, Kuchen und Snacks sicher. Zum Klettern gibt es Spielgeräte sowie einen alten Traktor.

Einkehren
Hannes Café · Gatow
Buchwaldzeile 49 · 14089 Gatow · (01 76) 62 89 34 74 ·
Fr ab 17 Uhr, Sa/So/Fei 11–18 Uhr
Wunderschön gleich unterhalb der alten Mühle liegt dieses beliebte Gatower Kultcafé. Selbstgemachten Kuchen, Pizza und Getränke könnt ihr im Garten genießen. Regelmäßige Veranstaltungen (Blues Sessions). Wenn es am Wochenende zu voll ist, ist das Gutscafé nebenan eine Alternative.

Guthaus Neukladow
Neukladower Allee 9–12 · 14089 Kladow · (03 31) 64 73 15 15 · www.guthausneukladow.de ·
tgl. 12–17 Uhr
Hier kann die Radtour mit einmaligem Ausblick über die Havel ausklingen. Es gibt Kaffee und Kuchen sowie meist eine Tageskarte mit einer Auswahl von Suppen und deftigen Hauptspeisen. Die Kinder können im weitläufigen Garten ihr Unwesen treiben.

km 0–3,5 **Vom Bahnhof Spandau zur Scharfen Lanke**

Vom **Bahnhof Spandau** seid ihr schnell an der Havel, deren abwechslungsreichem Ufer diese Tour folgt. Es lohnt sich jedoch, zuvor einen kurzen Abstecher durch die **Spandauer Altstadt** zu unternehmen.

⇨ Abstecher durch die Spandauer Altstadt

+ 2 km

Ihr gelangt schnell dorthin, indem ihr am altehrwürdigen **Rathaus** von 1910 vorbei geradeaus in die Fußgängerzone radelt. Achtet jedoch darauf, dass das Radfahren hier nur sonntags ganztägig erlaubt ist (sonst ab 19 Uhr). Lasst euch also gemächlich an den vielfältigen Angeboten in der Carl-Schurz-Straße vorbeitreiben. Ihr gelangt so zum Reformationsplatz. Nach hinten versetzt steht hier das **Gotische Haus** – ein Museum im ältesten erhaltenen Bürgerhaus von Berlin, das für den Besuch mit Kindern spezielle Spiele anbietet.

Überquert am Ende der Fußgängerzone die vierspurige Straße Am Juliusturm. Geradeaus über eine kleine Brücke kommt ihr zum Brauhaus: Im Biergarten wird vor Ort gebrautes Bier angeboten, während die Kinder auf einem kleinen Spielplatz oder im anliegenden Park toben können. Zum Ausgangspunkt der Tour gelangt ihr von hier gleich wieder rechts über die nächste kleine Brücke und anschließend links durch den Mollentordamm und die hübsche Gasse Behnitz mit ihren alten Häuschen. Fahrt am Ende nach rechts auf den Weg, der zum Havelufer führt, und folgt diesem Richtung Süden.

Ihr wollt direkt am Bahnhof losfahren? Dann fahrt vor dem Eingang rechts und überquert vorsichtig die vierspurige Klosterstraße, um geradeaus in die Straße Stabholzgarten zu fahren. Wenn diese nach links abbiegt fahrt ihr geradeaus weiter am Bahndamm entlang in einen durch Pfosten abgesperrten Weg und gelangt so ans **Havelufer.** Unsere Route folgt dem Havelradweg nach rechts. Immer wieder bietet sich unterwegs die Möglichkeit, an schönen **Spielplätzen** haltzumachen, nicht zufällig sind dabei Wasser, Schiffe oder Piraten das Leitthema. Das Havelufer ist hier auf eurer Seite noch durch Wohngebiete geprägt und durch Industrie- und Hafengelände am gegenüberliegenden Ufer.

Staaken
Spandau
Spandau
Stresow
Ruhleben
N
1000 m
B 5
Wilhelm-
stadt
Pichelsberg
eeburg
Scharfe
Lanke
B 5
Heerstraße
B 2
Teufels-
see
Gatow
Hannes Café
Vierfelderhof
Grunewald
A 115
Hohen-
gatow
AVUS
Gutshaus Neukladow
Havel
Krumme
Lanke
Kladow
Schwanen-
werder
A 115
Schlachtensee
Krumme
Lanke
Kronprinzessinnenweg
Zehlen-
dorf
Schlachtensee
Mexikoplatz
Pfauen-
insel
Wannsee
Nikolassee
Großer
Wann-
see
Wannsee
Königstr.
B 1
B 1
Kleinmachnow

Marina an der Scharfen Lanke

Ihr gelangt nach etwa zwei Kilometern an die Betckestraße. Vor euch liegt die Feuerwehrwache und ihr biegt nach rechts ab auf ein – kurzes – Stück Kopfsteinpflaster. Der Weg führt gleich links weiter in die wenig befahrene Götelstraße. Für kleine Kinder kann es trotzdem sinnvoll sein, lieber auf dem Gehweg zu fahren.

Nach kurzer Strecke führt der Havelradweg links weiter durch den **Grimnitzpark** – benannt nach dem angrenzenden See. Gleich rechts liegt ein schöner **Spielplatz** mit riesiger Sandfläche und abenteuerlichen Klettergerüsten. Durch den Park und den anschließenden Tharsanderweg gelangt ihr zur großen Pichelsdorfer Straße. Häufig ist hier viel Verkehr: Biegt mit Kindern lieber nach links auf den Fußweg und quert die Straße an der Ampel. Ihr müsst anschließend auch die vierspurige Bundesstraße (Heerstraße) überqueren, fahrt aber gleich gegenüber weiter in die ruhigere Straße Alt-Pichelsdorf. Der Belag ist für kurze Zeit leider holprig. Folgt der Beschilderung des Fahrradwegs zunächst nach rechts und vor der Kleingartensiedlung nach links. So kommt ihr gleich wieder zum Wasser, die vor euch liegende Ausbuchtung der Havel heißt **Scharfe Lanke.**

Von der Scharfen Lanke zum Vierfelderhof

km 3,5–8

Hübsch fahrt ihr am **Jachthafen** der Scharfen Lanke vorbei. Der kleine Park bietet sich für eine Pause an. Weiter geht es auf einem Sträßchen parallel zum Ufer, das schließlich oberhalb einer Marina in einen Weg durch den Wald mündet. Etwa 100 Meter links oberhalb von euch liegt der schöne **Spielplatz „Havelpiraten"**, der neben einem einmaligen Ausblick auf Havel und Grunewaldturm tolle Klettermöglichkeiten und ein schattiges Rastplätzchen bietet.

Fahrt weiter durch den anschließenden Park Richtung **Gatow.** Am Havelufer gibt es wiederholt **Bademöglichkeiten,** teils mit flachen, für Kinder geeigneten Einstiegen. Am Ende des Parks führt der beschilderte Havelradweg im Zickzack durch das Wohngebiet, bis ihr die stark befahrene Gatower Straße erreicht. Überquert sie und folgt ihr nach links für etwa 500 Meter bis zur Plievierstraße. Wenn ihr Lust auf eine ruhige Kaffeepause habt, könnt ihr hier nach rechts und anschließend links abbiegen und kommt zum **Hofcafé** sowie zu **Hannes Café**.

Alternativ fahrt ihr eine Ecke weiter zum Groß-Glienecker Weg. Über ihn gelangt ihr durch Felder und Wiesen in etwa zehn Minuten zum **Kinderbauernhof Vierfelderhof** – ein Highlight der Tour. Folgt einfach der Straße bis zur Bushaltestelle Annaweg, dann seht ihr den Hof schon rechts von euch. Neben Ziegen und Kühen gibt es hier einen **Spielplatz** mit tollen Klettermöglichkeiten und einen Hofladen mit Café.

Vom Vierfelderhof nach Kladow

km 8–14

Um die letzten idyllischen Kilometer in Richtung Kladow zurückzulegen, müsst ihr vom Bauernhof zurück auf die Hauptstraße. Unterhalb von ihr liegt halb links übrigens die familienfreundliche **Badestelle** von **Alt-Gatow** mit großem **Spielplatz** mit Klettergerüst und Einkehrmöglichkeit. Nach Kladow folgt ihr dann weiter der Ausschilderung des Havelradwegs Richtung Süden entlang der Hauptstraße, die ihr nach etwa 500 Metern Fahrt überquert, um links auf einen ruhigeren Weg einzubiegen.

Glückliche Hühner – glückliches Kind

Sonnenbad im warmen Sand am Havelstrand

Folgt weiter der Radroute parallel zur Havel. Ihr kommt noch an einer weiteren schönen **Badestelle** vorbei, die auch für kleine Kinder flach ins Wasser führt. Kurz nachdem ihr eine Brücke überquert habt, haltet ihr euch links, es sei denn, ihr möchtet im **Gutshaus Neukladow** einkehren. Wenig später führt der Weg durch ein kleines Tor in einer Mauer und biegt anschließend nach rechts ab. Ihr gelangt schließlich auf einer wunderschönen Allee zwischen alten Akazien zum **Fähranleger in Kladow.** Etwas oberhalb des Fähranlegers liegt im Grünen ein schöner, großzügig angelegter **Spielplatz** mit Piratenschiff und weiteren Spielgeräten etwas weiter hinten.

Fähre

Mit der Fähre F10 von Kladow zum Bahnhof Wannsee

Die Fähre setzt von hier aus stündlich über zum Bahnhof Wannsee. Es gelten die normalen Fahrscheine AB der BVG, die ihr auch an Bord erwerben könnt. Genießt den Blick auf die beeindruckenden Paläste am Wannsee, aber auch das langgezogene Strandbad, die Pfaueninsel und mehrere Bootshäuser.

Auf der anderen Seite angekommen gibt es sowohl links als auch rechts die Möglichkeit, über Rampen hoch zum S-Bahnhof zu kommen. Ein kleiner Aufzug zur Bahnhofsunterführung ist hinter dem Kiosk, sodass ihr die Straße nicht überqueren müsst.

Ist Kladow ein Dorf oder eine Stadt?

Alt-Marzahn, Rixdorf, Lübars, Schmöckwitz, Alt-Tegel – sind alles Ortsteile der großen Stadt Berlin. Doch wenn man genauer hinschaut, kann man erkennen, dass es eigentlich alte Dörfer sind.

So auch Kladow. Die Ortsgeschichte beginnt vor über 1000 Jahren im 9. Jahrhundert. Kladow war ursprünglich eine slawische Siedlung. Als die Askanier Ende des 12. Jahrhunderts neue Herrscher im Lande wurden, zogen deutsche Siedler hinzu und übernahmen das Dorf. Kladow bekam eine Feldsteinkirche in der Mitte und Bauernhöfe rundherum. Allerdings brachte der Dreißigjährige Krieg (1618–1648) viel Zerstörung und ein Brand 1808 richtete großen Schaden an. Daher stammen heutzutage die ältesten Bauten aus der Zeit danach.

Das älteste erhaltene Haus ist ein Haus für zwei Kleinbauernfamilien, die man Kossäten nannte. Drinnen sieht man noch eine offene Feuerstelle mit einem Loch im Dach darüber, durch das der Rauch abziehen konnte. (Das alte Reetdach wurde aber inzwischen durch Wellblech ersetzt.) Auch die Kirche stammt aus dieser Zeit, wurde aber später noch umgebaut. Gegenüber lag die Schule (heute die Bibliothek) und in der Nähe gab es noch Häuser besser gestellter Bauern.

Am Hang zum Havelufer stehen heute prächtige Villen. Diese ließen sich reiche Berliner bauen, um dort am Wasser schöne Sommermonate zu verbringen. So bekam das Dorf Kladow neben seinem alten, bäuerlichen Gesicht ein neues, modernes, städtisches. Im April 1920 schließlich wurde Kladow, wie auch viele andere Dörfer, der Stadt Berlin angeschlossen. Seitdem nannte Berlin sich Groß-Berlin.

10 Unterwegs am nördlichen Stadtrand – eine gemütliche Anfänger-Tour

Start	Ziel	Länge	Fahrzeit	Schwierigkeit
S-Bhf. Frohnau (S-Heiligensee)	S-Bhf. Hohen-Neuendorf	7,5 km (11 km)	1 Std. (1,5 Std.)	● leicht

Die Tour führt am Stadtrand von Berlin im ehemaligen Grenzgebiet durch weite Felder, alte Alleen und Pferdeweiden. Mit Fahrrad-Neulingen seid ihr hier genau richtig, denn die Tour verläuft durchgehend auf gut befestigten Wegen. Unterwegs gibt es im niedlichen Dorf Stolpe Möglichkeiten zur Einkehr und am Ende in Hohen Neuendorf noch eine Eisdiele. Die Verlängerung mit Start in Heiligensee gibt zusätzliche Waldenergie! Die Strecke führt äußerst idyllisch aber etwas hügelig über den Berliner Mauerweg auf ein paar Extrakilometern durch den Berliner Stadtforst. Beide Strecken treffen sich in den sandigen Hügeln oberhalb Frohnaus.

Naturnah und kein Verkehr – genau richtig für die erste Radtour

Infos zur Tour

Anfahrt
S-Bhf. Frohnau (S1 von Berlin-Friedrichstraße, alle 10 Min., 25 Min.)
Variante: ab S-Bhf. Heiligensee (S25 von Berlin-Friedrichstraße, alle 20 Min., 30 Min.)

Rückfahrt
S-Bhf. Hohen Neuendorf (S1 nach Berlin-Friedrichstraße, alle 20 Min., 30 Min. oder S8 nach Berlin-Ostkreuz, alle 20 Min., 40 Min.)

Streckenverlauf
(S-Bhf. Heiligensee) – Frohnau – Berliner Mauerweg – Stolpe – Hohen-Neuendorf

Streckencharakteristik
Zu Beginn und das letzte Stück durch Wohngebiete, Kinder können hier den Gehweg nutzen. Von Frohnau nach Stolpe führt die Route wunderschön über eine alte Allee, teilweise ist der Belag hier etwas holprig.

Beschilderung
Die Variante von S-Bhf. Heiligensee bis kurz nach Frohnau folgt dem Mauerweg.

Spielplätze
Spielplatz mit Riesenrutsche im Ludwig-Lesser-Park in Frohnau, weitläufiger Spielplatz in Eisdielennähe in Hohen Neuendorf

Einkehren
Landgasthof Zur Krummen Linde · Stolpe
Dorfstr. 5 · 16540 Stolpe ·
(0 33 03) 53 36 33
www.krumme-linde.de ·
tgl., Mo erst ab 16 Uhr
Alteingesessenes Lokal mit gemütlichem Biergarten direkt an der Dorfstraße in Stolpe. Auf der Karte finden sich je nach Saison neben Klassikern wie Schnitzel auch einzelne vegetarische Optionen.

Ristorante Pizzeria Destino · Hohen Neuendorf
Käthe-Kollwitz-Straße 58 ·
16540 Hohen Neuendorf ·
(0 33 03) 21 68 24 ·
www.destino-ristorante.de ·
Mo–Fr 16–23.30,
Sa/So 11.30–23.30 Uhr
Gutes italienisches Restaurant, das sich zum Abschluss der Tour anbietet: es gibt Pizza, Pasta, aber auch weitere vegetarische und nicht-vegetarische Optionen sowie eine kleine Karte für Kinder. Das obligatorische Panna Cotta rundet die Einkehr ab.

Eiscafé Il Pistacchio · Hohen Neuendorf
Berliner Str. 34 ·
16540 Hohen Neuendorf ·
(0 33 03) 40 52 40 · tgl. 11–20 Uhr
Mit freundlichem Charme schafft es der Besitzer der Eisdiele noch jedem Kind ein Lachen hervorzulocken. Der Espresso ist lecker, die Eisbecher sind riesig und vor der Tür gibt es ein paar Bänke.

Variante: Start am S-Bahnhof Heiligensee

+ 3,5 km **Vom S-Bahnhof Heiligensee nach Frohnau**

Für diese insgesamt etwa 3,5 Kilometer längere Strecke beginnt ihr eure Tour am **S-Bahnhof Heiligensee.** Quert die Straße vor dem S-Bahnhof und folgt auf der gegenüberliegenden Seite dem straßenbegleitenden Radweg nach links. Einige hundert Meter später ist der **Berliner Mauerweg** nach rechts ausgeschildert. Lauschig und ruhig geht es durch den **Kiefernwald.** Auf diesem ersten Abschnitt ist der Weg etwas schmal und nicht immer in bestem Zustand. Achtet auf Gegenverkehr.

Kurz nach der Brücke über die Autobahn dürft ihr die Abzweigung nach links nicht verpassen. Nach ein, zwei für Brandenburg ungewöhnlichen Steigungen seid ihr bereits kurz vor Frohnau. Folgt weiter dem Mauerweg, der nun Richtung Norden an Frohnau entlang und schließlich in einer Rechtskurve um den Friedhof herumführt. (Hier nicht geradeaus in Richtung Stolpe fahren!) Einige hundert Meter weiter geht es links durch eine Allee erneut in Richtung Stolpe (Pechpfuhlweg). Hier biegt ihr ab und seid nun auf der unten beschriebenen Route, geradewegs in Richtung Stolpe.

km 0–1 **Vom S-Bahnhof Frohnau zum Berliner Mauerweg**

Biegt am Ausgang des **S-Bahnhofs Frohnau** links ab. Ihr kommt zum Ludolfingerplatz, an dem ihr direkt hinter dem Reisebüro rechts wieder die erste Abzweigung nehmt. Folgt der Straße kurz und biegt dann ein in den Gralsburgsteig. Hier könnt ihr gemütlich unter Bäumen zwischen S-Bahn und Wohnhäusern entlangradeln. So gelangt ihr nach einigen Minuten an die Schönfließer Straße.

Zieleinfahrt nach Hohen Neuendorf

Haben eure Kinder Lust auf einen Spielplatz? Im **Ludwig-Lesser-Park,** etwa 500 Meter von hier, ist ein fantastisch im Wald gelegener **Spielplatz** mit vielen Klettermöglichkeiten und einer riesigen Rutsche – angeblich der größte Rutschenturm Reinickendorfs. Ihr seid schnell dort, wenn ihr rechts entlang der Schönfließer Straße fahrt und etwas später wieder rechts in den

A 111
B 96
Destino
Il Pistacchio
Hohen Neuendorf
Hohen Neuendorf
Dorfkirche
Zur krummen Linde
Stolpe
Golfplatz
Dirtpark
Ludwig-Lesser-Park
Frohnau
Frohnau
Heiligensee
Heiligensee
Schulzendorf
N
500 m

Fast schon ein expressionistisches Kunstwerk

Park abbiegt. Der Spielplatz liegt weitere 200 Meter vor euch im Wald.

Unsere Route allerdings führt geradeaus weiter. Überquert also aus dem Gralsburgsteig kommend die Schönfließer Straße und nehmt den Pfad in das Wäldchen. Er führt euch, etwas holprig zwar, direkt auf den **Berliner Mauerweg.** Und nicht nur das: Ihr landet gegenüber dem **Dirtpark Frohnau** – einer Mountainbike- und BMX-Strecke, auf der man oft Kids bei ihren waghalsigen Sprüngen und Tricks beobachten kann. (Bevorzugt ihr eine asphaltierte Strecke, könnt ihr an der Schönfließer Straße links abbiegen und nach einigen hundert Metern, gegenüber der Einmündung der Alemannenstraße, den Weg nach rechts nehmen. Auch er führt auf den Mauerweg, den ihr dann aber, geradeaus auf dem Weg bleibend, nur kreuzt.)

km 1–5 Vom Berliner Mauerweg nach Stolpe

Unsere Tour geht vom Dirtpark links auf dem Mauerweg leicht bergab weiter. Hier ist am Wochenende oft viel los, aber schon nach kurzer Zeit schlagt ihr rechts den Pechpfuhlweg nach Stolpe ein und könnt nun gemütlich – auch wenn teils einige Unebenheiten vorhanden sind – durch die **Allee** zwischen den Feldern radeln. Wenn ihr euch aufmerksam umschaut, könnt ihr Reiher und manchmal auch Fasane sehen. Der Weg führt nach einiger Zeit über einen Golfplatz und bis zum zugehörigen Parkplatz. Dahinter fahrt ihr rechts auf den geteerten Frohnauer Weg in Richtung Landstraße.

Nachdem ihr diese überquert habt, kommt ihr geradeaus in das Zentrum des Dorfes **Stolpe.** Wunderschöne alte Häuser säumen die Straße, traditionelle Gasthäuser mit Biergärten laden zur Einkehr ein. Nehmt euch Zeit für eine Pause oder schaut auch mal in die – meist geöffnete – hübsche **Dorfkirche.**

Stolpe

Der bereits 1355 urkundliche erwähnte Ort bietet Dorfleben nahe der Metropole Berlin. Mit der Gruppierung der weitläufigen Vierseitenhöfe um eine Allee hat der Ort die Form eines typischen Straßendorfs. Bis zum Dreißigjährigen Krieg war der Ort eng mit dem hier ansässigen Rittergut der Familie Hoppenrade verbunden. Von diesen Zeiten zeugt heute nur noch die hübsche Feldsteinkirche, die ihren Turm 1822 erhielt – Stern, Kugel und die Preußenkrone sind über dem barockgeschwungenen Kupferdach zu sehen. In der DDR war Stolpe übrigens wegen seiner Lage im Grenzgebiet für die lokale Bevölkerung nicht einfach zugänglich.

Von Stolpe zum S-Bahnhof Hohen Neuendorf — km 5–7,5

Weiter geht es auf dem Rad-/Gehweg durch das Dorf und ihr gelangt geradeaus wieder an offene Felder. Links findet ihr Pferdeweiden – nicht füttern, aber gerne schauen – und gemütlich könnt ihr die letzte Etappe in Richtung **Hohen Neuendorf** einläuten.

Für einen ruhigen Weg zur S-Bahn empfehlen wir eine Strecke durch das Wohngebiet. Biegt dazu kurz vor Beginn der Bebauung nach rechts in einen kleinen Weg ein. Dieser mündet in eine Straße, der ihr kurz folgt, bevor ihr direkt an der nächsten Kreuzung rechts in die Eichenallee abbiegt. Folgt dieser geradeaus bis zur Hauptstraße, die ihr vorsichtig überquert – am Wochenende ist die Fußgängerampel leider außer Betrieb.

Die elegante Stolper Dorfkirche

Geradeaus folgt ihr der Eichenallee. Ihr habt nun zwei Möglichkeiten: schnell auf glattem Belag zur S-Bahn oder gemächlich an Spielplatz und Eisdiele vorbei, teilweise aber über Kopfsteinpfaster. Schnell zur S-Bahn gelangt ihr, wenn ihr links direkt in die Emile-Zola-Straße abbiegt. Unter alten Bäumen radelt ihr bis zu

Beine vertreten (lassen) zwischen Mais und Sonnenblumen

ihrem Ende und auf dem kleinen Weg geradeaus noch ein paar Meter weiter zur Hauptstraße. Biegt hier rechts ab auf den Radweg und fahrt so direkt zum S-Bahnhof Hohen Neuendorf.

Alternativ radelt ihr auf der Eichenallee noch eine Ecke weiter. Biegt dann links in die Rosa-Luxemburg-Straße ein. Schnell gelangt ihr zu einem weitläufigen, schattigen **Spielplatz,** der mit Klettertürmen und Wippen Angebote für alle Altersgruppen bereithält. Geradeaus weiter führt die Rosa-Luxemburg-Straße rechts an der Kirche vorbei zur Bundesstraße 96 (Berliner Straße). Schräg rechts auf der gegenüberliegenden Straßenseite lohnt das **Eiscafé Il Pistacchio,** wo es auch verführerische Eisschokolade gibt, einen letzten Stopp.

Zur S-Bahn folgt ihr dem Radweg vor der Eisdiele zur naheliegenden Ampelkreuzung. Biegt dort rechts ab und ihr braucht keine fünf Minuten zum S-Bahnhof.

„Froh" auf der „Au": Die Gartenstadt Frohnau

Vor 130 Jahren reichte Berlin im Norden nur bis zum Gesundbrunnen. Zehn Kilometer weiter nördlich, wo heute der Ort Frohnau liegt, gab es nur Wald und die Eisenbahnstrecke nach Stralsund. Es war aber zu erwarten, dass Berlin wachsen würde. Denn genau das passierte auch anderswo in der Welt: Viele Menschen zogen vom Land in die Städte, um dort in den neuen Fabriken zu arbeiten. Die Städte wuchsen schnell und chaotisch, Wohnungen wurden knapp und teuer, viele Menschen lebten unter schlechten Bedingungen. Man fürchtete, dass am Rande der Städte Slums (also überfüllte Elendsviertel) wachsen würden.

In dieser Zeit entstand in England eine neue Idee für die Stadtplanung. Die sogenannte Gartenstadtbewegung sah vor, neue und eigenständige kleine Siedlungen rund um das Zentrum anzulegen. Sie sollten Platz und viel Grün bieten und gleichzeitig gut mit der Stadt verbunden sein.

Von dieser Idee ließ sich auch einer der reichsten Männer Deutschlands inspirieren, Guido Henckel von Donnersmarck. Er kaufte 1907 ein sehr großes Stück Wald auf beiden Seiten der Eisenbahnstrecke nördlich von Berlin und entschied, dort eine Gartenstadt bauen zu lassen.

Zuerst entstand ein moderner Bahnhof und auf beiden Seiten davon jeweils ein Platz: das Herz der neuen Gartenstadt. Von den Plätzen sternförmig ausgehend verliefen Baumalleen. 1910 wurde die Gartenstadt Frohnau eingeweiht, die meisten Häuser wurden aber erst nach dem Ende des Ersten Weltkriegs gebaut, als die Siedlung sich zu einem Wohnort für Künstler und Intellektuelle entwickelte.

Tegel – Wilhelmsruh

11 Zu Gast bei Moorfrosch und Wasserbüffel

Start	Ziel	Länge	Fahrzeit	Schwierigkeit
S-Bhf. Tegel	S-Bhf. Wilhelms-ruh	17 km	2 Std.	● leicht

Möchtet ihr Natur erleben und Tiere beobachten, ohne das Stadtgebiet zu verlassen? Dann ist das Tegeler Fließ ein tolles Ziel für euch. Auf dem Fahrradsattel schlängelt ihr euch mit dem Flüsschen durch eine eindrucksvolle, naturbelassene Landschaft. Ihr könnt Wasserbüffeln beim Rasenmähen zuschauen oder Kuckuck und Feldlerche singen hören. Einem komischen Vogel aus Metall begegnet ihr später auch noch auf der Tour. Im Dorf Lübars, umgeben von Pferdekoppeln, gibt es einen malerischen alten Dorfkern zu entdecken, oder ihr nehmt ein Bad im besonders sauberen Ziegeleisee.

Die urwüchsige Landschaft am Tegeler Fließ ist ein bedeutendes Biotop

Infos zur Tour

Anfahrt
S-Bhf. Tegel (S25 von Berlin-Friedrichstr., oft, 25 Min.)

Rückfahrt
S-Bhf. Wilhelmsruh (S1/S26 nach Berlin-Friedrichstr., oft, 20 Min.)

Streckenverlauf
S-Bhf. Tegel – Tegeler Fließ – Hermsdorfer See – Ziegeleisee – Lübars – Berliner Mauerweg – S-Bhf. Wilhelmsruh

Streckencharakteristik
Die Tour ist landschaftlich abwechslungsreich und verläuft viel im Grünen. Auf dem Weg gibt es mehrere nette Rastplätze. An Wochentagen ist es ratsam, genügend Proviant mitzunehmen. Die Radwege sind gut ausgebaut und asphaltiert. Es handelt sich allerdings um eine beliebte Wander- und Radstrecke, daher ist an schönen Wochenenden mit regem Verkehr zu rechnen.

Beschilderung
Gut markierter Barnimer Dörferweg, danach Berliner Mauerweg

Spielplätze
Entenspielplatz am Tegeler Fließ, kurz vorm Hermsdorfer See

Baden
Strandbad Lübars
Am Freibad 9 · 13469 Berlin · (0 30) 4 02 60 50 · www.strandbad-luebars.de · Sommer tgl. 9–19 Uhr · 6 € / Kind 4 € / Familie 12 €
Ein kleines Strandbad am sauberen Ziegeleisee bietet viel Spaß für Kinder: Sand zum Buddeln und eine lange Wasserrutsche. Und wenn der Hunger kommt, gibt es ein Restaurant mit Burgern, Flammkuchen und Kinderspeisen im Angebot (11–20 Uhr bei schönem Wetter).

Einkehren
Eisdiele Angelina · Alt-Lübars
Alt-Lübars 36 · 13469 Berlin · (0 30) 40 39 62 74 · tgl. 12–18.30 Uhr, im Winter geschlossen
Sehr leckeres Eis, auf die Hand oder auf der Terrasse. Stellt euch auf eine Warteschlange ein!

Gasthof Alter Dorfkrug · Alt-Lübars
Alt-Lübars 8 · 13469 Berlin · (0 30) 92 21 02 30 · www.gasthof-alter-dorfkrug.de · Mi–Fr 16–22, Sa/So 12–22 Uhr
Leckere deutsch-französisch-mediterrane Küche wird in diesem stilvollen Gasthof angeboten, dabei auch Kinderspeisen wie Pasta mit Tomatensauce oder Crêpes. Schöner, schattiger Biergarten im Sommer.

km 0–1,2 **Vom S-Bhf. Tegel zum Barnimer Dörferweg**

Am S-Bahnhof Tegel nehmt ihr den östlichen Ausgang mit Aufzug in Richtung Park. Ihr radelt nach links an den Gleisen entlang, überquert die Gorkistraße und fahrt weiter geradeaus auf dem gepflasterten Rad- und Gehweg durch den grünen Streifen. Links befindet sich ein Spielplatz. Kurz erscheint die laute A111, aber da seid ihr schon an der Ampelkreuzung am Waidmannsluster Damm, den ihr hier sicher überquert. Direkt dahinter biegt ihr rechts auf den Radweg und zwischen den Bäumen gleich wieder links. Der Weg ist als **Barnimer Dörferweg** gekennzeichnet und mit weiß-blauen Balken und der Nummer 13 markiert. Dieser Markierung folgt ihr die nächsten neun Kilometer. Nach circa 350 Metern biegt der Weg rechts ab, ganz entspannt und in Ruhe radelt ihr jetzt durchs Grüne. Das Tegeler Fließ könnt ihr hinter den Bäumen links von euch erahnen.

Das Tegeler Fließ

Das Tegeler Fließ schlängelt sich von der Basdorfer Heide bis zum Tegeler See. Es formt eine eindrucksvolle Landschaft mit Mooren, Seen und Quellen sowie Trockenrasengebieten. Die breiten feuchten Wiesen entlang des Fließes sind Heimat nicht nur für Moorfrösche und viele verschiedene Vogelarten, wie etwa den Eisvogel. Um die Vögel beim Brüten nicht zu stören, ist das Ufer meist unzugänglich. Auch große Wasserbüffel gibt es hier, die sich um die Landschaftspflege kümmern, indem sie hier weiden.

km 1,2–4,5 **Am Tegeler Fließ entlang nach Hermsdorf (Berliner Straße)**

Die Einfamilienhäuser rechts erinnern zwar noch an die Stadt, aber schon überwiegt die gelassene Ruhe der Feuchtlandschaft mit Birken, Erlen und Büschen am Wegesrand. Das Gewässer mäandert gemächlich neben euch, das Verkehrsrauschen ist Vogel- und Froschstimmen gewichen. Nach circa 1,5 Kilometer führt der markierte Weg links über die hölzerne Fließtalbrücke. Auf der anderen Seite biegt ihr rechts auf die Mühlenfeldstraße in **Hermsdorf** ab. Auf dem Gehweg ist das Radfahren erlaubt. Gleich verlässt der Weg nach rechts die Straße wieder und vor euch öffnet sich die einzigartige, weite Landschaft: die feuchte Wiese, auf der sowohl grüne Erlen und Eschen stehen, neben Weiden und Schilf aber auch Totholz emporragt. Wasserbüffel weiden im Gras. Eine kurze Strecke führt hier auf einem Holzsteg über das Fließ.

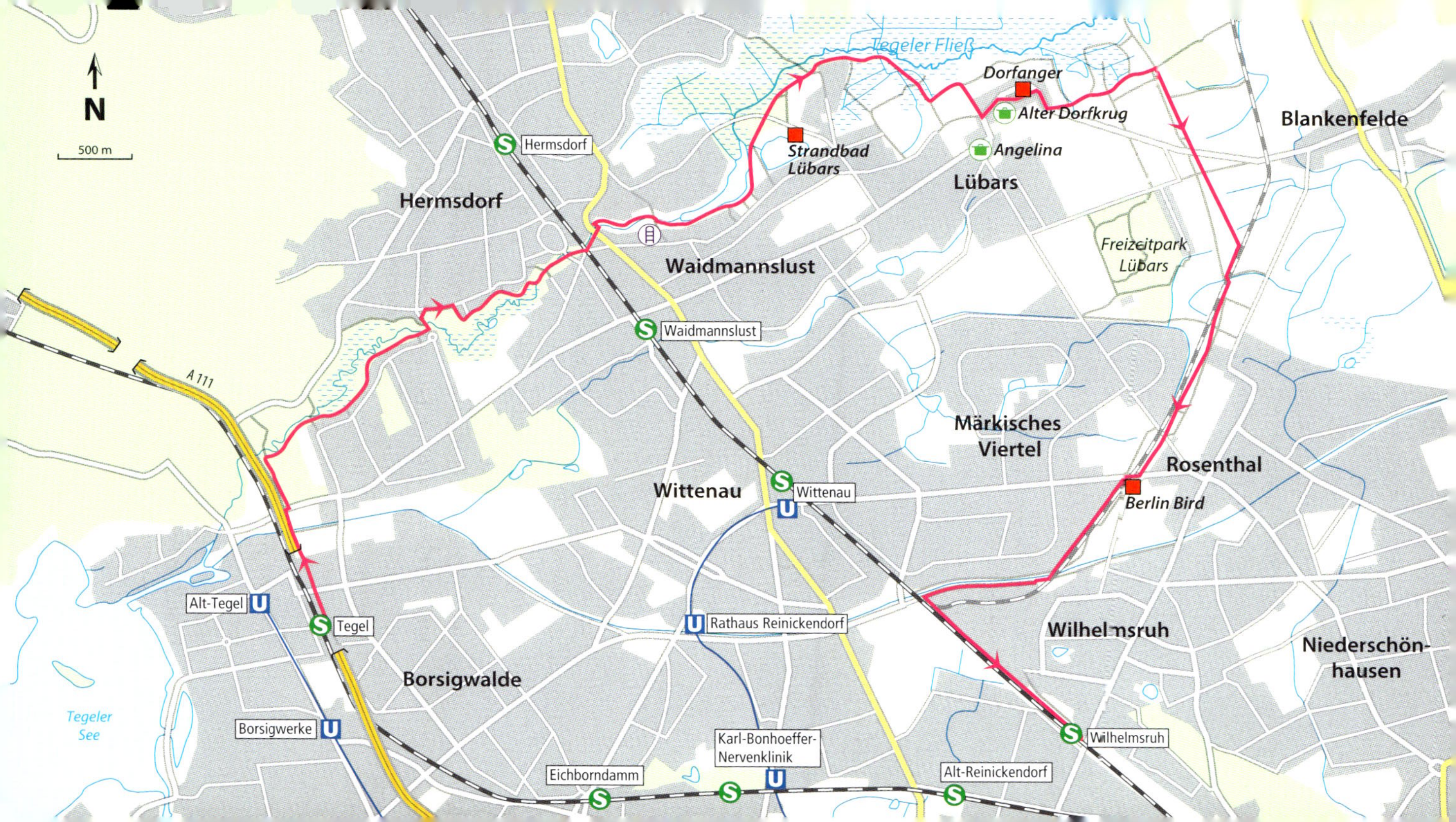

N
500 m
Tegeler Fließ
Dorfanger
Alter Dorfkrug
Angelina
Strandbad Lübars
Lübars
Blankenfelde
Hermsdorf
Freizeitpark Lübars
Waidmannslust
A 111
Märkisches Viertel
Rosenthal
Wittenau
Berlin Bird
Alt-Tegel
Tegel
Rathaus Reinickendorf
Wilhelmsruh
Niederschönhausen
Borsigwalde
Tegeler See
Borsigwerke
Karl-Bonhoeffer-Nervenklinik
Eichborndamm
Alt-Reinickendorf

Ihr kommt durch den Bogen der imposanten **Eisenbahnbrücke** und werdet umgehend daran erinnert, dass ihr euch immer noch im Stadtgebiet befindet, denn ihr erreicht die laute Berliner Straße. Zwar zeigt die Markierung nach links, aber dort ist es schwierig, die Straße sicher zu überqueren. Fahrt lieber rechts auf dem Radweg bis zur nächsten Ampel und auf der anderen Straßenseite zurück. Der Umweg ist kurz und die blaue Markierung zeigt euch, wo ihr dann von der Berliner Straße rechts in einen Pfad abbiegen müsst.

km 4,5–9 **Von Hermsdorf (Berliner Straße) nach Lübars**

Ihr radelt auf dem markierten Weg weiter am Fließ entlang. Hinter der Brücke führt der Weg links auf der anderen Uferseite weiter. Falls sich die Kinder nach einem Spielplatz sehnen, fahrt von der Brücke aus noch 100 Meter geradeaus weiter. Der **Entenspielplatz** lässt sich von der umgebenden Natur inspirieren: die Kinder können über Holzstämme, auf Spinnennetzen oder in Vogelnester klettern. Gut ausgetobt, kehrt ihr zurück zum Fließ.

Nach einigen Minuten erreicht ihr den länglichen **Hermsdorfer See.** Es ist ein schöner Ort zum Rasten: es gibt Bänke auf dem Weg und Pfade zum Seeufer. Und je nach Jahreszeit hört ihr vielleicht auch den Kuckuck rufen. Kurz hinter dem See erreicht ihr die Straße Am Freibad. Die Tour führt geradeaus, wer aber will, kann hier gerne nach rechts zum rund 200 Meter entfernten **Strandbad Lübars am Ziegeleisee** fahren. Der Name ist kein Zufall: Tatsächlich war hier im 19. Jahrhundert eine Tongrube für mehrere Ziegeleien. Um 1912 bildete sich ein See, der nun mit besonders sauberem Wasser zum Baden einlädt.

Rund um Lübars gibt es viele Pferdekoppeln

Nach Lübars ist es nicht mehr weit. Der Weg gabelt sich plötzlich, läuft aber gleich darauf wieder zusammen. Der rechte Abschnitt ist besser befestigt. Es folgt eine birkenbestandene T-Kreuzung, an der ihr einfach geradeaus weiter fahrt. Die Landschaft zeigt bald wieder besonders schöne Farbtöne: eine breite Moorwiese mit Schilf, Gebüsch, Weiden und Birken. Über das Sumpfgebiet führt ein Holzsteg – dort müsst ihr das Fahrrad schieben.

Wo es sumpfig wird, führen Bohlenwege durchs Fließtal

Ein Feldweg führt über die Wiese zum Dorf. Von Weitem sind Pferde zu sehen. Auf deren Haltung haben sich die Bauern aus Lübars spezialisiert. An der Kreuzung an der Weide könnt ihr entweder geradeaus und dann links auf besserem Weg ins Dorf fahren, oder ihr biegt hier links zu den Pferdekoppeln ab. Der Weg wird dann bald sandig und ihr müsst die Räder schieben, aber die meisten Kinder wollen sowieso zu den Pferden. Nach der nächsten Abbiegung rechts geht es dann über Kopfsteinpflaster zum Dorfeingang.

Lübars

1230 als Angerdorf gegründet, ist Lübars das älteste Dorf Berlins, in dem noch Landwirtschaft betrieben wird. Der historische **Dorfanger** mit der Kirche aus dem 18. Jahrhundert und der Dorfschule ist schön erhalten. Niedrige Häuser rundherum säumen die Kopfsteinpflasterstraße und das nostalgische Gasthaus **Alter Dorfkrug** lädt zur Einkehr.

Von Lübars nach Wilhelmsruh — km 9–17

Holprig radelt ihr auf Kopfsteinpflaster durch Lübars, an der Kirche und der alten Schule vorbei. Die Straße beschreibt eine Rechtskurve. Wo sie sich danach langsam wieder nach links wendet, biegt ihr scharf links in den markierten Radweg (Schildower Weg) ein.

Dieser breite Feldweg ist etwas sandig. Er führt leicht bergauf und auf einer kleinen Infotafel erfahrt ihr den Grund: ihr steigt gerade den Hang eines Ausläufers der Grundmoräne des Barnim (▸ Seite 27) hinauf. Vor euch liegt wieder das Tegeler Fließ und die Niedermoorwiesen, die von Schmelzwasser seit der letzten Eiszeit geformt wurden. Vielleicht könnt ihr einen Feldhasen sehen oder hören, wie eine Lerche am Himmel ihr Lied trillert. Dann geht es weiter über den Acker und vorbei an der Osterquelle, die den Hang dauerhaft nass hält. An der Weggabelung bleibt rechts. Kurz darauf erreicht ihr eine rote Schranke an einer Kreuzung. Hier verlasst ihr den Barnimer Dörferweg und radelt bequem nach rechts, Richtung Süden, auf dem breiten **Berliner Mauerweg.**

Zwischen Obstbäumen und Schlehen, Holunder und Birken fahrt ihr leicht bergauf auf dem gut ausgebauten Radweg. Hier verlief früher die Grenze zwischen DDR und BRD. Ihr überquert die Bahnhofstraße. Kurz danach führt rechts ein Radweg zum Freizeitpark Lübars und zur Familienfarm Alte Fasanerie – beides gute Ziele für einen anderen Familienausflug. Heute geht es geradeaus weiter, zwischen Feldern und Wiesen und später am toten Gleis der Heidekrautbahn entlang. Seit dem Mauerbau ist die Strecke geschlossen, ihre Reaktivierung wird aber geplant.

Ihr folgt also weiter dem Berliner Mauerweg. Überquert die Quickborner Straße und kurz danach den Wilhelmsruher Damm. Fahrt rechts über die Gleise, da seht ihr schon einen großen Vogel aus Metall, der über ein Mauersegment schaut. Diese Skulptur namens **Berlin-Bird** wurde vom schottischen Künstler George Wyllie zusammen mit Schülern aus West-Berlin 1988 geschaffen, steht hier aber dauerhaft erst seit 2009 als Erinnerung an den Mauerfall. Bei der Statue biegt ihr links auf den Radweg ab. Es geht immer geradeaus: im Schatten der Baumkronen und der Hochhäuser des Märkischen Viertels. Dies war die erste große Neubausiedlung im damaligen West-Berlin. Gleich kommt ein Spielplatz, mit einem Stück Mauer und einem Wasserspielbereich, und ein Basketball- und Bolzplatz.

Bald darauf geht es durch ein Industriegebiet. Vor der grünweißen Eisenbahnbrücke biegt ihr links ab in einen schmalen, asphaltierten, trotzdem etwas holprigen Weg. Der letzte Kilometer führt zwischen Bäumen, Gleisen und industriellen Klötzen bis zum **S-Bahnhof Wilhelmsruh.**

Was machen Wasserbüffel im Tegeler Fließ?

Wenn man an einen Wasserbüffel denkt, dann stellt man ihn sich vielleicht irgendwo in Asien vor, etwa auf einem nassen Reisfeld! Doch wilde Wasserbüffel lebten vor sehr langer Zeit auch in Mitteleuropa. Sie wurden ausgerottet, überlebten aber auf anderen Kontinenten. Heute gibt es fast nur noch von Menschen gehaltene Herden. Sie liefern Fleisch, Milch, Leder, werden als Lastentiere und für Beweidung genutzt. Man sieht sie an Flüssen, in Sümpfen – überall da, wo es nass und grün ist. Und das hat das Tegeler Fließ mit den asiatischen Reisfeldern gemeinsam.

Denn es ist eine immerfeuchte Auenlandschaft – und ein Naturschutzgebiet. Die Tiere und Pflanzen hier brauchen Schutz. Schilf zum Beispiel wächst sehr schnell und nimmt dann anderen Pflanzen den Raum weg. Man muss es mähen, aber in so einem nassen Gebiet ist das mit Mähmaschinen schwierig und teuer. Hier kommen die Wasserbüffel ins Spiel: Sie fressen nicht nur Gras wie Pferde oder Kühe, sondern auch Schilf, Brennnesseln und Disteln. Sie sind also lebende Rasenmäher. Aber während beim Rasenmähen viel Lebensraum für kleine Tiere zerstört wird, machen die Wasserbüffel das Gegenteil: Mit ihren großen, gespreizten Hufen treten sie Vertiefungen in den Boden, in denen sich Pfützen bilden. Darin können Frösche oder Kröten leben. Insekten legen ihre Eier in die getrocknete Büffelkacke. Wenn es aber viele Insekten und Frösche gibt, kommen auch andere Tiere zurück, zum Beispiel Vögel, denn dann haben sie etwas zu fressen. So pflegen die Wasserbüffel das ökologische System.

Nur im Winter sind die Wasserbüffel bei einem Landwirt auf der Weide, wo sie dann mehr zu fressen finden.

Eberswalde – Zerpenschleuse

12 Ruinen am Wegesrand: Spuren industrieller Vergangenheit am Finowkanal

Start	Ziel	Länge	Fahrzeit	Schwierigkeit
Bahnhof Eberswalde	Bhf. Ruhlsdorfs-Zerpenschleuse	22 km	4 Std.	● leicht (allerdings relativ weit)

Der abwechslungsreiche Treidelweg führt euch am wunderschönen Finowkanal entlang, wo die alten Industrieanlagen heute als malerisch überwucherte Ruinen Eindruck machen. Ihr fahrt auf gut gepflegten Wegen am Wasser, durch dichte Wälder und Auenlandschaften mit vielen Vögeln. Unsere Tour startet in Eberswalde, sodass ihr kurz vor Ende bei Marienwerder den Nachmittag am See ausklingen lassen könnt. Wenn kein Badewetter ist, bietet es sich an, die Tour umzudrehen: Im Zielort Eberswalde gibt es dann den wunderschönen Zoo, den fantasievollen Familiengarten mit Spielmöglichkeiten ohne Ende und Einkehrmöglichkeiten für jeden Geschmack.

Die Industrie ist Vergangenheit, beschaulich geht es heute zu am Finowkanal

Infos zur Tour

Anfahrt
Bahnhof Eberswalde (RE3 ab Berlin Hbf oder RB24 ab Berlin-Ostkreuz, alle 30 Min. ca 40 Minuten)

Rückfahrt
Bahnhof Ruhlsdorf-Zerpenschleuse (RB27, wochentags meist stündlich, Sa/So nur alle 2 Std.!, 30 Min. nach Berlin-Karow)

Streckenverlauf
Eberswalde – Finowkanal – Finow – Finowfurt – Marienwerder – Bhf. Ruhlsdorf-Zerpenschleuse

Streckencharakteristik
Sehr idyllisch und abwechslungsreich am Wasser entlang und durch Wälder, größtenteils schattig. Geteerte und gepflegte Radwege, fast durchgehend von der Straße getrennt.

Beschilderung
Treidelweg

Baden
Badestelle am See Große Kiesgrube in Marienwerder

Besichtigungen
Familiengarten Eberswalde
Am Alten Walzwerk 1 · 16227 Eberswalde · (0 33 34) 38 49 10 · www.familiengarten-eberswalde.de · Apr.–Okt. tgl. 10–18 Uhr · 4 €, Kinder 2 €, bis 3 Jahre umsonst
Dieses weitläufige, grüne Gelände mit vielen Attraktionen ist einmalig: hier gibt es Riesenflipper, Riesenrutsche, Wasserspielplatz, Beach-Volleyballfeld und vieles mehr. Ihr müsst nur aufpassen, dass ihr anschließend noch genug Zeit für die restliche Tour habt.

Zoologischer Garten Eberswalde
Am Wasserfall 1 · 16225 Eberswalde · www.zoo.eberswalde.de · geöffnet tgl. 9 Uhr bis Einbruch der Dämmerung · Familie (2 Erw. + 4 Kinder) 25 €

Einkehren
Gaststätte zum Goldenen Anker · Marienwerder
Biesenthaler Straße 17/18 · 16348 Marienwerder · (0 33 35) 74 00 · www.goldener-anker-marienwerder.de · Mi–Fr 11–14 und 17–22, Sa/So 10–22 Uhr
Bei Einheimischen beliebte Einkehr mit Biergarten direkt am Finowkanal. Es gibt Standards wie Schnitzel als große Portionen. Die Bedienung ist freundlich und flexibel, die Küche stellt auch einen vegetarischen Teller zusammen, obwohl es entsprechende Optionen auf der Karte kaum gibt.

KoBaMugasmus · Eberswalde
(nicht auf der Karte eingezeichnet)
Schicklerstraße 25 · 16225 Eberswalde · www.kobamugasmus.com · Fr–Mo 12–19 Uhr
Mit dem Rad keine zehn Minuten vom Bahnhof entfernt, gibt es in dem kleinen Café am Wochenende leckerste vegane Speisen. Ggf. aktuell nur zum Abholen auf Vorbestellung unter Wunsch@Kobamugasmus.com. Essen kann man dann gut im Park am Weidendamm direkt um die Ecke, etwa am kleinen Wasserspielplatz.

km 0–10 **Von Eberswalde nach Finowfurt**

Nach der Ankunft im Bahnhof Eberswalde habt ihr zwei Möglichkeiten: Entweder fahrt ihr direkt zum nahegelegenen Finowkanal und startet die Tour dort, oder ihr unternehmt vorher einen kleinen Abstecher in die Innenstadt. Um dorthin zu kommen, könnt ihr geradeaus am neu gebauten Fahrradparkhaus vorbei die Auffahrt hinter dem Busbahnhof nehmen und oben an der Ampel rechts abbiegen. Folgt dann der Beschilderung.

Eberswalde

Etwa 60 Kilometer nördlich von Berlin, umgeben von Wäldern und direkt am Finowkanal, liegt die Hochschulstadt mit etwa 40 000 Einwohnern. Dank einer Furt im Fluss besaß die Gegend schon in prähistorischer Zeit große Bedeutung und Anziehungskraft. Heute ist das Ortsbild unter anderem von der Hochschule für Nachhaltige Entwicklung geprägt – nicht nur durch die naturnah gestalteten Campusanlagen, sondern auch durch etwa 2 000 Studierende. Für Berliner Familien ist Eberswalde schon lange ein beliebtes Ausflugsziel: Es lockt der weitläufige Zoo mit Abenteuerspielplätzen und Streichelgehege ebenso wie der Familiengarten mit Spielplätzen, Modelleisenbahn und Wasserspielen auf dem Gelände der Landesgartenschau von 2002.

Der Weg zum Finowkanal führt über die Straßenbrücke der B 167 auf die andere Seite der Bahngleise. Fahrt vor dem Bahnhofsgebäude links und unterquert die Bundesstraße, bevor ihr in einer anschließenden Rechtskurve an einer Ampelkreuzung auf sie auffahrt. Es geht rechts über die Brücke und an der nächsten Kreuzung wieder rechts den Berg hinab. Verpasst nicht nach wenigen hundert Metern die Abfahrt rechts mit dem kleinen Hinweis auf den Radweg.

Passen vielleicht noch ins Gepäck?

Schon seid ihr am **Finowkanal** und an der ersten Attraktion: die **Schleuse Kupferhammer** – handbetrieben in den Sommermonaten. Als der Kanal noch für die Transportschifffahrt genutzt wurde, gab es hier zwei Schleu-

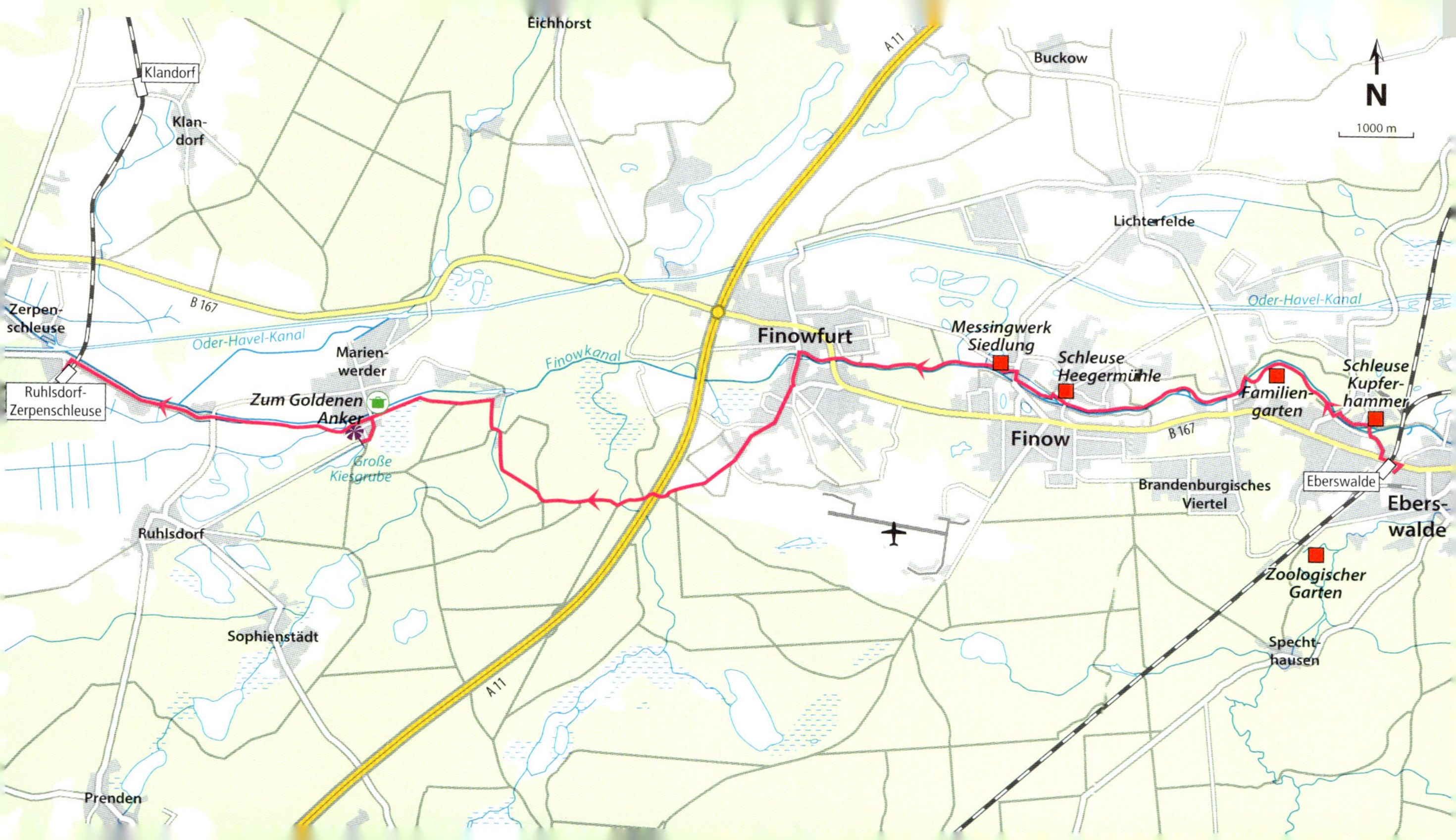
N
1000 m
Eichhorst
Buckow
Klandorf
Klan-
dorf
Lichterfelde
Zerpen-
schleuse
B 167
Oder-Havel-Kanal
Marien-
werder
Finowkanal
Finowfurt
Messingwerk
Siedlung
Schleuse
Heegermühle
Familien-
garten
Schleuse
Kupfer-
hammer
Ruhlsdorf-
Zerpenschleuse
Zum Goldenen
Anker
Große
Kiesgrube
Finow
B 167
Eberswalde
Ebers-
walde
Brandenburgisches
Viertel
Ruhlsdorf
Zoologischer
Garten
Sophienstädt
Specht-
hausen
A 11
Prenden

sen – eine für jede Richtung. Heute ist nur noch eine in Betrieb. Biegt hinter der Schleuse links ab – Finowfurt ist ausgeschildert. Der Radweg mündet in eine kleine Straße (rechts ist der Belag glatter) die dann rechts um die Ecke hoch zur Britzer Straße führt. Überquert sie vorsichtig, um nach links über die Brücke zu fahren und anschließend am anderen Ufer rechts einzubiegen. Ihr werdet sofort mit malerischen Ausblicken belohnt.

Der Finowkanal

Die Industriegeschichte im Finowtal geht zurück bis zum Ende des 15. Jahrhunderts: Schon damals siedelte sich hier vor allem Metallverarbeitung und Papierherstellung an. Der erste Finowkanal wurde 1620 nach 15-jähriger Bauzeit als strategisch bedeutsame Verbindung zwischen Oder und Havel in Betrieb genommen, verwahrloste aber infolge des Dreißigjährigen Kriegs bald wieder. Friedrich II. ließ den Kanal im 18. Jahrhundert instand setzen und verlieh dadurch auch dem alten Industriestandort neuen Aufschwung. Im 20. Jahrhundert sprach man sogar vom „märkischen Wuppertal". Noch heute zeugen Namen wie Kupferhammer oder Messingwerk in der Umgebung von dieser Zeit. In der DDR fand hier hauptsächlich Papierproduktion statt. Heute sieht man entlang des Kanals etliche beeindruckende alte Backstein-Industriegebäude, die sich nun die Natur zurückerobert. Der Wasserweg selbst ist für die Binnenschifffahrt nicht mehr von Bedeutung, nur noch Ausflugsschiffe und private Boote verkehren hier.

Wunderschön führt der Weg nun schattig am Ufer entlang. Schnell erreicht ihr den **Familiengarten Eberswalde** – eine Art überdimensionaler Spielplatz mit Gartenanlage für die ganze Familie. Die Tour führt über die nächste Schleuse, ihr fahrt weiter am Wasser entlang und müsst bald für etwa 100 Meter der Straße folgen. Über die Brücke fahrt ihr aber nicht, der Radweg zweigt vorher rechts ab.

Die nächsten Kilometer führen ruhig am Ufer entlang. Ab und zu erhascht man auf der gegenüberliegenden Seite einen Blick auf die beeindruckenden alten Industriedenkmäler. Verpasst nicht die Abzweigung des Radwegs über eine kleine Brücke nach links auf Höhe der **Schleuse Heegermühle.** Kurz darauf erreicht ihr **Finow** und müsst nach rechts für ein kurzes Stück auf die Hauptstraße fahren, verlasst sie aber bei nächster Gelegenheit schon wieder nach links.

Ihr fahrt nun an der **Messingwerksiedlung** mit den loftartig wunderschön sanierten Baudenkmälern vorbei. Wie der Name Treidelweg besagt, zogen hier früher Pferde vom Ufer aus die schwer beladenen Lastkähne. Ganz so anstrengend wird es für euch hoffentlich nicht: die Route verläuft weiter gemütlich am Kanal.

Schwimmen ist in Bundeswasserstraßen übrigens offiziell nicht erlaubt, auch wenn man an heißen Tagen immer mal wieder Badende sieht. Schon bald gelangt ihr zum Ort **Finowfurt,** wo die Route den Kanal zunächst einmal verlässt und ihn nach links überquert.

Von Finowfurt nach Marienwerder

km 10–17,7

Ihr fahrt nun durch den kleinen Ort, der für sein jährliches Flößerfest bekannt ist. Kinder nutzen hier lieber den breiten Gehweg rechts. Vor dem Restaurant Mendoza geht es rechts in die Biesenthaler Straße und vorbei an Einfamilienhäusern raus aus dem Ort. Rechts kommt eine neuere Siedlung und anschließend noch eine Pferdekoppel, bevor ihr geradeaus die Autobahn A 11 überquert.

Schön geführt verläuft der Weg für die nächsten Kilometer durch das teils sumpfige Waldgebiet des Finowtal-Pregnitzfließes. Während unsere Tour geradeaus weiterführt, könnte man von hier aus auch über idyllische, ruhige Radwege nach Biesenthal oder Wandlitz gelangen. Der Waldweg ist manchmal uneben, aber angenehm, und führt schon bald hinaus in eine offene Wiesenlandschaft.

An der nächsten Kreuzung – Bienenzucht zur Linken, **Gasthaus Schleusengraf** zur Rechten – fahrt ihr links. Passt auf, dass ihr dort, wo der geteerte Belag endet, die Abzweigung rechts in den Wald nicht verpasst. Noch einmal kurz am Finowkanal entlang und Schwung nehmen für die letzte Steigung, dann seid ihr in **Marienwerder** angekommen.

Die ehemalige Papierfabrik Wolfswinkel

Die Große Kiesgrube in Marienwerder ist viel schöner als ihr prosaischer Name

Rechts über die Brücke lädt gleich die gutbürgerliche Gaststätte **Zum Goldenen Anker** zur Einkehr, hier geht's auch weiter zum Ortskern. Links führt der Weg am Sportplatz vorbei zur **Badestelle** am See mit dem klingenden Namen **Große Kiesgrube.** Der Einstieg ist flach und wenn man den Blick über den langgezogenen See mit seinem bewaldeten und schilfgesäumten Ufer schweifen lässt, kann man völlig vergessen, dass hinter einem Autos parken.

Vergesst aber nicht, rechtzeitig zu schauen, wann der Zug von Zerpenschleuse abfährt. Ihr benötigt noch etwa 20 Minuten für die restliche Strecke.

km 17,7–22

Von Marienwerder zum Bahnhof Ruhlsdorf-Zerpenschleuse

Zum Bahnhof folgt ihr weiter dem Treidelweg am Finowkanal entlang. Dieser letzte Abschnitt ist noch einmal sehr idyllisch. Bald führt der Weg unter einer Straßenbrücke hindurch (Schild Fußweg). Mit Fahrradanhänger oder einem breiteren Rad kommt ihr nicht durch. Fahrt links hoch zur Straße, überquert sie und folgt der hier abbiegenden Straße – weiter parallel zum Wasser. Gleich stößt von rechts wieder der Radweg dazu, der von nun an parallel zur Straße verläuft. Nach etwa einem Kilometer fahrt ihr unter den Gleisen durch und biegt direkt dahinter links ab zum **Bahnhof Ruhlsdorf-Zerpenschleuse** – das Schild ist leider schwer zu erkennen.

Industrie am Finowkanal

Der Finowkanal ist die älteste künstliche Wasserstraße in Deutschland, die ununterbrochen genutzt wurde. Seit mehr als 400 Jahren verbindet er die Flüsse Havel und Oder. Dank ihm entwickelte sich in der Region Industrie, denn die Rohstoffe und die fertigen Produkte konnten übers Wasser einfach transportiert werden (als es noch keine Autos und Laster gab). Das machte Eberswalde zu einer wichtigen Industriestadt.

Mehrere Jahrhunderte lang wurden entlang des Kanals Metalle verarbeitet. Zum Beispiel wurden Geschirr und Badewannen aus Kupfer hergestellt, Messingbleche und später Rüstungsprodukte. Davon sind Ortsnamen geblieben: Kupferhammer und Messingwerksiedlung zum Beispiel. Unweit des Bahnhofs befand sich die Hufnagelfabrik – spezielle Nägel, um Hufeisen am Pferdehuf zu befestigen waren notwendig, als Pferde noch das bedeutendste Fortbewegungsmittel darstellten. Heute ist das Werk stillgelegt.

Der Familiengarten in Eberswalde befindet sich auf dem ehemaligen Areal der Eisenspalterei. Vom Montagekran „Eber“, wo sich heute eine Aussichtsplattform befindet, kann man das Gelände überblicken. Der Kran erinnert nicht nur daran, dass in Eberswalde große Maschinen gebaut wurden, sondern auch an eine dunkle Zeit. Während des Zweiten Weltkrieges wurden in den Fabriken unschuldige Gefangene – meist Frauen – zu schwerster Arbeit gezwungen.

Hinter dem Gartenareal ragt der Wasserturm der ehemaligen Papierfabrik Wolfswinkel hervor, wo noch bis vor Kurzem edle Papiere mit der Hand geschöpft wurden. Es wird erzählt, dass sogar die Königin von England ihr Schreibpapier dort bestellte.

Müncheberg – Obersdorf

13 „Bergetappe" in der Märkischen Schweiz

Start	Ziel	Länge	Fahrzeit	Schwierigkeit
Bahnhof Müncheberg	Bahnhof Obersdorf	15 km	2 Std.	● herausfordernd (bis Buckow einfach)

Die Fahrt durch die Hügellandschaft der Märkischen Schweiz ist sicher die anstrengendste in diesem Buch, aber auch eine der lohnendsten. Ihr passiert saftig-grüne Wiesen, erhabene Wälder und mehrere idyllische Badestellen. Noch dazu gibt es mehr als einmal die Gelegenheit bei Eis oder Kaffee aufzutanken. Zur Vorwarnung: Neben – für Brandenburg – beachtlichen Steigungen führt ein Teil der Strecke in Buckow über Kopfsteinpflaster. An Sommerwochenenden bietet sich alternativ an, auf dem gemütlichen Radweg nur bis Buckow zu fahren und von dort aus die Buckower Kleinbahn zurück zum Bahnhof Müncheberg zu nehmen.

Da kommt sie angetuckert: die historische Kleinbahn nach Buckow

Infos zur Tour

Anfahrt
Bahnhof Müncheberg (RB 26, stündlich, 40 Min. von Berlin-Ostkreuz)

Rückfahrt
Bahnhof Obersdorf (RB 26, alle 2 Std., 50 Min. bis Berlin-Ostkreuz)
Hinweis: Das Fahrradabteil kann an schönen Wochenenden ziemlich voll werden.
Alternativ Kleinbahn ab Buckow bis Müncheberg (1. Mai–3. Okt., ca. stündlich, 3,50 €/Kinder 1,50 €, Fahrradmitnahme kostenlos · www.buckower-kleinbahn.de) und weiter nach Berlin (RB 26, stündlich nach Ostkreuz oder Bhf. Lichtenberg, ca. 45 Min.)

Streckenverlauf
Müncheberg – Waldsieversdorf – Buckow – Münchehofe – Obersdorf

Streckencharakteristik
Landschaftlich sehr hübsch, ab Buckow einige deutliche Steigungen. Durchgehend geteerte Wege, vereinzelt mit wenig Autoverkehr, meist baulich getrennt. In Buckow Kopfsteinpflaster.

Beschilderung
Bis Waldsieversdorf Oderbruchbahn-Radweg, anschließend R1

Spielplätze
In Waldsieversdorf, im Schlosspark Buckow, im Umweltzentrum, im Strandbad Schermützelsee

Baden
Strandbad am Großen Däbersee
Dahmsdorfer Str. 62 · 15377 Waldsieversdorf · Mai–Sep. tgl. 10–20 Uhr

Strandbad am Schermützelsee
Wriezener Straße 38 · 15377 Buckow · (01 72) 9 53 58 09 · tgl. 10–19 Uhr

Badestellen am Großen Klobichsee (steiler Weg!) und am Haussee

Besichtigungen
Umweltzentrum Drei Eichen
Königsstraße 62 · 15377 Buckow · (03 34 33) 2 01 · www.dreichen.de · Café Apr.–Okt. Sa/So/Fei 11–18 Uhr
Wunderschön im Wald, mit Ausstellungen zu lokaler Flora und Fauna. Toll für Kinder: der See mit Steg, ein kleiner Spielplatz und das Tipidorf der angeschlossenen Wildnisschule. In der Saison bietet das Waldcafé unter alten Eichen Kaffee, Kuchen und Suppen an.

Einkehren
Café Tilia · Waldsieversdorf
Dahmsdorfer Straße 27 · 15377 Waldsieversdorf · (03 34 33) 15 53 77 · www.cafe-tilia.de ·
Mo/Do/Fr 14–17, Sa/So 13–18 Uhr
Beliebtes Radfahrer-Café am Waldrand, das Kuchen, Suppen, Eis und Picknickpakete für unterwegs anbietet. Der Außenbereich ist schön schattig.

Familiencafé lokal. · Buckow
Königsstraße 4 · 15377 Buckow · (03 34 33) 13 99 62 · www.lokal-buckow.de ·
Mi ab 15, Fr/Sa ab 14, So ab 10 Uhr
Sympathisches Café, Kuchen und kleine Speisen. Sitzplätze draußen vor dem Café oder auf Strohsäcken unterhalb der Kirche gegenüber. Große Spielecke für verschiedene Altersgruppen.

km 0–2,7 Vom Bahnhof Müncheberg nach Waldsieversdorf

Los geht es am **Bahnhof Müncheberg.** Folgt den Gleisen in Fahrtrichtung weg von Berlin, über den Parkplatz und links auf die kleine Nebenstraße. Überquert die Gleise (auf der linken Seite hinter dem Bahnübergang gibt es manchmal Honig direkt vom Imker zu kaufen) und folgt der lauschig-niedlichen Allee. Mit dem Blick auf die grüne Weide rechts seid ihr bereits in der **Märkischen Schweiz** angekommen.

Ihr müsst etwa 400 Meter Kopfsteinpflaster hinter euch bringen, bevor ihr an der Beschilderung links in Richtung Buckow abbiegt. Idyllisch zwischen Waldrand und Pferdekoppeln führt der kleine Fahrweg parallel zur **Buckower Kleinbahn,** die nur an Wochenenden im Sommer betrieben wird, zum Örtchen **Waldsieversdorf.**

Am Ortseingang des Dorfes, das mit „verträumter Stille“ und „Natur pur“ wirbt, habt ihr die Wahl: Geradeaus führt der Weg direkt weiter nach Buckow – links kommt ihr zum kinderfreundlichen **Strandbad am Großen Däbersee** mit gegenüberliegendem kleinem Spielplatz und zum täglich geöffneten **Café Tilia.** Letzteres ist ein beliebter Stopp am Europaradweg 1, der von Berlin weiter durch Polen ins Baltikum führt. Als radfahrerfreundliche Einkehr bietet man hier auch Lunchpakete und Flickzeug an.

Waldsieversdorf

Mitten im Wald- und Seengebiet der Märkischen Schweiz gelegen, ist Waldsieversdorf schon seit über hundert Jahren als Ausflugsziel beliebt. So überzeugte Bertolt Brecht, der sein Domizil bekanntlich im benachbarten Buckow hatte, den Fotomontagekünstler John Heartfield in den 1950er-Jahren vom Erwerb eines Sommerhauses. Das kleine Holzhaus im Wald kann heute als Museum besichtigt werden, es gibt hier jedoch kein spezielles Angebot für Kinder und Jugendliche (Fr/Sa/So 13–18 Uhr, Eintritt frei).

Klein, aber der Ausblick ist oho!

Mit Kindern lohnt sich dagegen ein Abstecher zum 1897 erbauten **Wasserturm.** Um hinzukommen

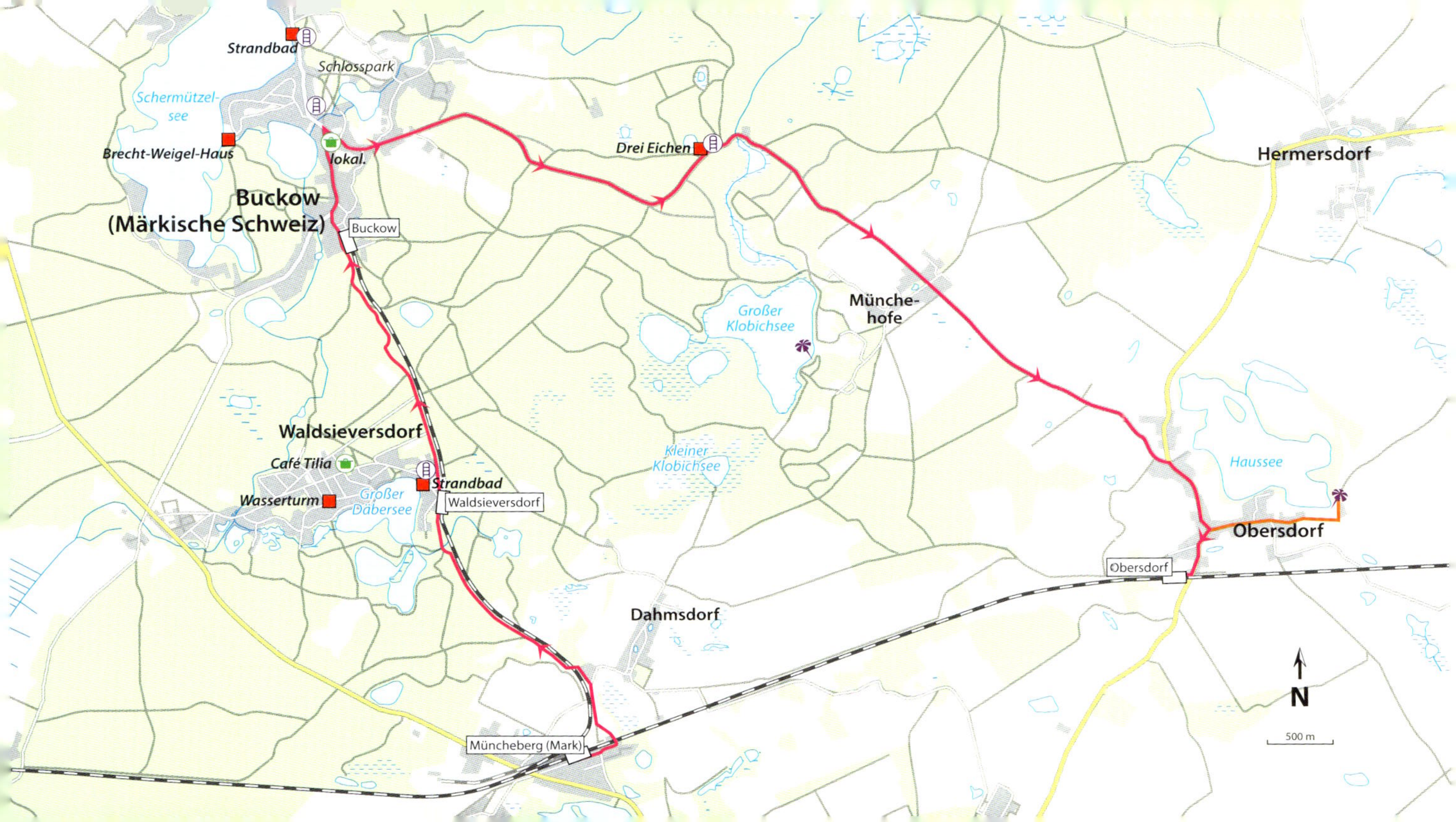
Strandbad
Schlosspark
Schermützel-
see
Brecht-Weigel-Haus
lokal.
Buckow
(Märkische Schweiz)
Buckow
Drei Eichen
Hermersdorf
Großer
Klobichsee
Münche-
hofe
Waldsieversdorf
Café Tilia
Strandbad
Wasserturm
Großer
Däbersee
Waldsieversdorf
Kleiner
Klobichsee
Haussee
Obersdorf
Obersdorf
Dahmsdorf
Müncheberg (Mark)
N
500 m

geht es steil die Süß- oder die Sauerkirschenallee hoch. Lasst euch nicht von der schweren Klappe am Ende der Treppe im Turm abschrecken – ihr müsst sie selbst öffnen, um auf die Aussichtsplattform zu gelangen. Es lohnt sich!

km 2,7–6 Von Waldsieversdorf nach Buckow

Die Weiterfahrt nach Buckow auf dem Radweg parallel zur Kleinbahn ist ähnlich idyllisch, die feuchten Ausläufer des Stobbertals setzen jedoch eigene landschaftliche Akzente. In der kleinen Kurstadt kommt ihr am Bahnhof des historischen Bähnchens an. Im Bahnhofsgebäude hat der Museumsbahn-Verein ein **Eisenbahnmuseum** eingerichtet, das im Sommer an Wochenenden geöffnet ist (www.buckower-kleinbahn.de · an Bahn-Fahrtagen 10.30–17 Uhr). Nicht wenige Kinder sind begeistert von den alten Loks auf dem Gelände. Falls ihr eure Sprösslinge nicht zum Weiterradeln überreden könnt, kann man die Räder auch in der Kleinbahn mitnehmen und zurück nach Müncheberg fahren.

Geradeaus führt die Tour weiter ins Zentrum von **Buckow.** Biegt an der großen Straße rechts zum Marktplatz ab – kleine Kinder sollten vorsichtig den Gehweg nutzen. (Achtung, die **Eisdiele** ist kurz zuvor auf der linken Seite!) Der Eingang zum **Schlosspark** mit schattigem **Spielplatz,** großer Liegewiese, Barfußpfad und Kneippstelle liegt hinter der Kurve rechts vom Kino. Links um die Ecke geht es weiter in Richtung **Strandbad** und **Brecht-Weigel-Haus.** Auch einen kleinen Supermarkt findet ihr gleich hier.

Buckow

Das Zentrum der Märkischen Schweiz ist ein brandenburgisches Kleinode. Vom Markt mit Kopfsteinpflaster und Schatten spendenden Linden vor altehrwürdigen Wirtshäusern ziehen sich weite Straßen mit hübschen alten Häuschen und würdevollen Stadtvillen die Hügel hinauf. Dazwischen schimmert immer wieder Wasser hindurch – vier Seen umgeben die Altstadt, der größte davon der **Schermützelsee,** an dem sich auch ein öffentliches Strandbad befindet. Nicht wenige Künstler wissen und wussten die einmalige Atmosphäre zu schätzen: So verbrachten Bertolt Brecht und Helene Weigel ab 1950 regelmäßig Zeit hier, heute dokumentiert im Brecht-Weigel-Haus. Prägend für den Ort ist auch der weitläufige Schlosspark mit mehreren Kneippstellen.

Kopfsteinpflasteridyll in Buckow – bei Radfahrern nicht ganz so beliebt

Von Buckow nach Münchehofe

km 6–11,5

Unsere Tour führt am Marktplatz aber rechts weiter, vorbei an der Kirche. Rechter Hand liegt gleich das **Familiencafé lokal,** bevor sich die Kopfsteinpflasterstraße den Berg hochzieht. Falls ihr mit Fahrradanhänger auf den Gehweg ausweicht, beachtet, dass es hier teils sehr schmal wird.

Der Anstieg lohnt, denn ab dem Ortsausgang geht es auf glattem Asphalt auf einer Fahrradstraße kurvig durch den Mischwald. Aber Vorsicht: Manchmal fahren hier auch Autos. Nach etwa 3 Kilometern kommt ihr am **Umweltzentrum Drei Eichen** vorbei. In der nachhaltigen Bildungsstätte gibt es neben vielen Infos über lokale Flora und Fauna auch einen kleinen Spielplatz und am Wochenende in der Saison ist das **Waldcafé** geöffnet.

Der Weg verläuft nun oberhalb des **Naturschutzgebiets Großer Klobichsee.** Eine lichte Schneise, die hinunter zum See führt, lädt zur Rast ein: Man wähnt sich hier auf einer Sanddüne. Auf geht's danach zum letzten größeren Anstieg der Tour: aus dem Wald hinaus, und durch eine kleine Allee auf der Höhe nach **Münchehofe.**

Wuchtig: Feldsteinkirche in Münchehofe

Das hübsche Dorf ist geprägt durch die gut erhaltene **Feldsteinkirche** aus dem 13. Jahrhundert. Die Tour führt weiter geradeaus, durch den Ort hindurch. Ihr könntet im Zentrum auch nach rechts abbiegen – hinunter zum **Großen Klobichsee,** wo es eine wunderschöne, naturnahe **Badestelle** mit Imbiss zum Abkühlen gibt. Bedenkt aber: Zum See fährt man rund einen Kilometer und auf dem Rückweg geht es den Berg wieder steil hoch.

km 11,5–15 **Von Münchehofe nach Obersdorf**

Nun heißt es die Abfahrt genießen. Folgt von Münchehofe dem Radweg neben der Straße sanft an Wiesen und Feldern vorbei den Berg hinunter. Nach etwa zwei Kilometern endet der Radweg. Ihr gelangt an eine T-Kreuzung, an der ihr rechts abbiegt.

Nach wenigen Metern liegt links das **Café Landei** – eine originelle Einkehr, bei der man sich fast wie auf der Schafsweide fühlt. Folgt weiter der Straße nach Obersdorf. Zum Bahnhof geht es nun immer geradeaus, einen letzten Abstecher lohnt aber der nahe **Haussee.** Schaut lieber vorher die Abfahrtszeiten nach, da der Zug in Obersdorf nur alle zwei Stunden hält.

⇨ Abstecher zum Haussee

Die Badestelle am Haussee ist etwa einen Kilometer entfernt. Ihr kommt hin, indem ihr an der nächsten Kreuzung links in die Bahnhofstraße in Richtung Kirche fahrt. Gegenüber der Kirche führt neben dem gelben Briefkasten ein Weg hinab zu einer ruhigen Stelle mit wunderschönem Blick über den See. Hebt auch mal den Blick: Auf dem Schlot vor euch befindet sich ein Storchennest.

Die offizielle **Badestelle** liegt außerhalb vom Ort. Ihr gelangt dorthin, indem ihr weiter geradeaus fahrt, bis hinter einem Linksknick die Badestelle erreicht ist. Der Weg entlang der gepflasterten und später sandigen Straße ist jedoch mühselig.

Wer waren Bertolt Brecht und Helene Weigel?

In Buckow steht am Ufer des Scharmützelsees ein Haus, in dem ein bekanntes Ehepaar lebte: Helene Weigel und Bertolt Brecht. Helene Weigel war eine berühmte Schauspielerin aus Wien und spielte auf den großen Bühnen in Berlin – bis 1933. Bertolt Brecht war einer der wichtigsten Schriftsteller in Deutschland, er schrieb Gedichte und Theaterstücke. In seinen Texten wollte er zeigen, wie ungerecht unsere Welt ist. Er entwickelte ein Theater, das die Zuschauer nicht nur unterhalten, sondern auch zum Nachdenken bringen sollte. Manchmal verwendete er darin auch Schimpfwörter oder andere überraschende Effekte.

Als 1933 Hitler und die Nationalsozialisten an die Macht kamen, mussten die beiden ins Ausland fliehen, denn Menschen, die freies Denken und Nachdenken forderten, wurden in Deutschland damals verfolgt und bedroht. Die Bücher von Bertolt Brecht wurden sogar verbrannt. Erst 1948, als die Nazi-Zeit und der Krieg vorbei waren, kamen sie zurück. In Ost-Berlin gründeten sie gemeinsam ein neues Theater, das Berliner Ensemble. Sie leiteten es gemeinsam und Helene Weigel trat dort auch weiterhin als Schauspielerin auf.

Sie zogen nach Buckow – es war ihr Sommerhaus und ihr Rückzugsort aus der Großstadt Berlin. Helene Weigel bewohnte die Villa, Bertolt Brecht arbeitete im benachbarten Gärtnerhaus. Dort entstanden neue Gedichte. Aber für Kinder ist wahrscheinlich ein anderes Gedicht von Bertolt Brecht interessanter – die Strophe E vom „Alfabet" (1934):

Eventuell bekommst du Eis / Heißt, dass man es noch nicht weiß / Eventuell ist überall / Besser als auf keinen Fall.

Fürstenwalde – Müncheberg

14 Auf der „Oderschen Eisenbahne" von Dorf zu Dorf

Start	Ziel	Länge	Fahrzeit	Schwierigkeit
Bahnhof Fürstenwalde	Bahnhof Müncheberg	32 km	3,5 Std.	● leicht

Auf der ehemaligen Trasse der Oderbruchbahn können auf dieser Tour auch kleine Strampler größtenteils eigenständig fern von großen Straßen durch die Landschaft brausen. Da der abwechslungsreiche Tourverlauf über weite Strecken von Büschen gesäumt ist, ist außerdem für Schatten gesorgt. Eiscreme im alten Konsum, eine flache Badestelle und ein kleiner Tierpark runden den Ausflug für Familien ab. Nur die Fahrten durch Fürstenwalde zu Beginn und die letzten Kilometer zum Bahnhof in Müncheberg verlaufen neben verkehrsreicheren Straßen – jedoch auch hier baulich getrennt. Ihr könnt die Tour ebenso gut in umgekehrter Richtung fahren, dann liegt die Badestelle jedoch am Anfang der Strecke.

Auf dem Oderbruchbahn-Radweg, hier bei Hasenfelde, rollen heute fast nur noch Zweiräder

Infos zur Tour

Anfahrt
Bahnhof Fürstenwalde (RE 1, alle 30 Min, ca. 60 Min. von Berlin Hbf)

Rückfahrt
Bahnhof Müncheberg (RB 26, stündlich, 40 Min. bis Berlin-Ostkreuz; am Wochenende nachmittags ist der Zug häufig sehr voll)

Streckenverlauf
Fürstenwalde – Steinhöfel – Hasenfelde – Heinersdorf – Behlendorf – Müncheberg

Streckencharakteristik
Durchgehend asphaltierte Strecke bis auf kurze Ortsdurchfahrten. Ruhig und schattig, landschaftlich sehr abwechslungsreich.

Beschilderung
Oderbruchbahn-Radweg

Spielplätze
Einzelne Spielgeräte im Ortszentrum Heinersdorf und auf dem Dorfplatz in Hasenfelde

Baden
Badestelle am Heinersdorfer See

Besichtigen
Schlosspark Steinhöfel
Der weitläufigste Landschaftspark Brandenburgs erstreckt sich südlich vom Schloss Steinhöfel. Hier findet man idyllische Flanierwege mit hübschen Statuen (für Selfies!) und viel Platz zum Austoben. Obwohl das Schloss inzwischen ein Hotel beherbergt, ist das Gelände frei zugänglich.

Heinersdorfer Tierpark
Am Tierpark 2 · 15518 Heinersdorf
www.schloss-heinersdorf.info/heinersdorfer_tierpark
In der kleinen, frei zugänglichen Anlage direkt oberhalb des Sees leben hauptsächlich heimische Tiere wie Schweine, Enten und Damwild. Schilder informieren über die Verbreitung und Eigenschaften der Tiere, manchmal erfährt man auch ihre Kosenamen.

Einkehren
Altes Amtshaus · Steinhöfel
Alter Gutshof 2 · 15518 Steinhöfel · (03 36 36) 27 97 30 · www.altesamtshaussteinhoefel.com · Ostern–3. Okt. Sa/So 11–17 Uhr
Sehr individuell eingerichtet, nicht weniger spannend ist der dazugehörige weitläufige Garten mit seinen Sitzmöglichkeiten. Das freundliche Betreiberpaar serviert selbstgemachte Kuchen, große Portionen Eis und verschiedene Getränke.

Gasthaus Alte Schmiede · Heinersdorf
Frankfurter Chaussee 12 · 15518 Heinersdorf · (03 34 32) 74 61 05 · www.alteschmiede-b5.de · Mi–So 11.30–20 Uhr
Bei Radfahrern beliebt ist diese Einkehr mit Außenterasse direkt an der Durchfahrtsstraße in Heinersdorf. Ältere Kinder können auch zum nahen Spielplatz, sollten allerdings wirklich gut aufpassen beim Überqueren der Straße. Die Karte bietet deftige Küche von Soljanka über Schnitzel bis zu Hänchenbrustfilets, jedoch kaum vegetarische Optionen.

km 0–10,5 Von Fürstenwalde nach Steinhöfel

Im Domstädchen Fürstenwalde an der Spree angekommen, könnt ihr direkt von Gleis 1 losradeln. Fahrt vor dem Bahnhof links und folgt der Straße um die Rechtskurve. Nach einer 180-Grad-Wende durch den Tunnel unter den Bahngleisen hindurch geht es los in Richtung Norden. Folgt geradeaus der Trebuser Straße am Supermarkt vorbei, bevor ihr nach rechts in die Ernst-Grube-Straße abbiegt. Gleich die nächste Möglichkeit biegt ihr wieder links ab (Ernst-Thälmann-Straße) und anschließend, wo die Straße sich auf Höhe eines griechischen Restaurants gabelt, halb rechts in die Karl-Liebknecht-Straße.

Immer geradeaus gelangt ihr – an einer Eisdiele vorbei – zur Bundesstraße 168. Biegt hier rechts auf den Fahrradweg. Direkt hinter dem Kreisverkehr müsst ihr die Straße überqueren, um auf dem Radweg auf der anderen Straßenseite weiterzufahren. Nach 500 Metern gelangt ihr an eine Ampel und biegt hier links ab Richtung Buchholz. Damit habt ihr den **Oderbruchbahn-Radweg** erreicht. Folgt dem Weg leicht den Berg hinauf. Haltet dabei gut Ausschau: Auf den Wiesen suchen im Sommer gerne Störche nach Nahrung.

Noch vor Buchholz folgt ihr rechts der Ausschilderung nach Steinhöfel. Die folgenden Kilometer durch die Felder ist der Radweg wunderschön gesäumt von Hecken. Die ruhige Strecke lädt auch kleine Kinder ein, sich selbst aufs Rad zu setzen. Folgt der Beschilderung des Radwegs mal nach links und kurz darauf nach rechts und ihr gelangt direkt zum kleinen Ort **Steinhöfel** mit seinem spätklassizistischen Schloss.

Eine Sphinx bewacht Schloss Steinhöfel

Wenn ihr gleich weiter wollt, biegt entsprechend der Beschilderung Richtung Müncheberg noch vor dem Ort links ab. Steinhöfel ist mit Schloss und Einkehrmöglichkeiten aber einen kleinen Schlenker wert. Wenn ihr an der Abzweigung geradeaus weiter fahrt (ausgeschildert nach Heinersdorf), kommt ihr zur Hauptstraße, die links in den Ort führt. Der Ortseingang an der Hauptstraße ist für Radfahrer nicht kinderfreundlich gestaltet. Lasst eure

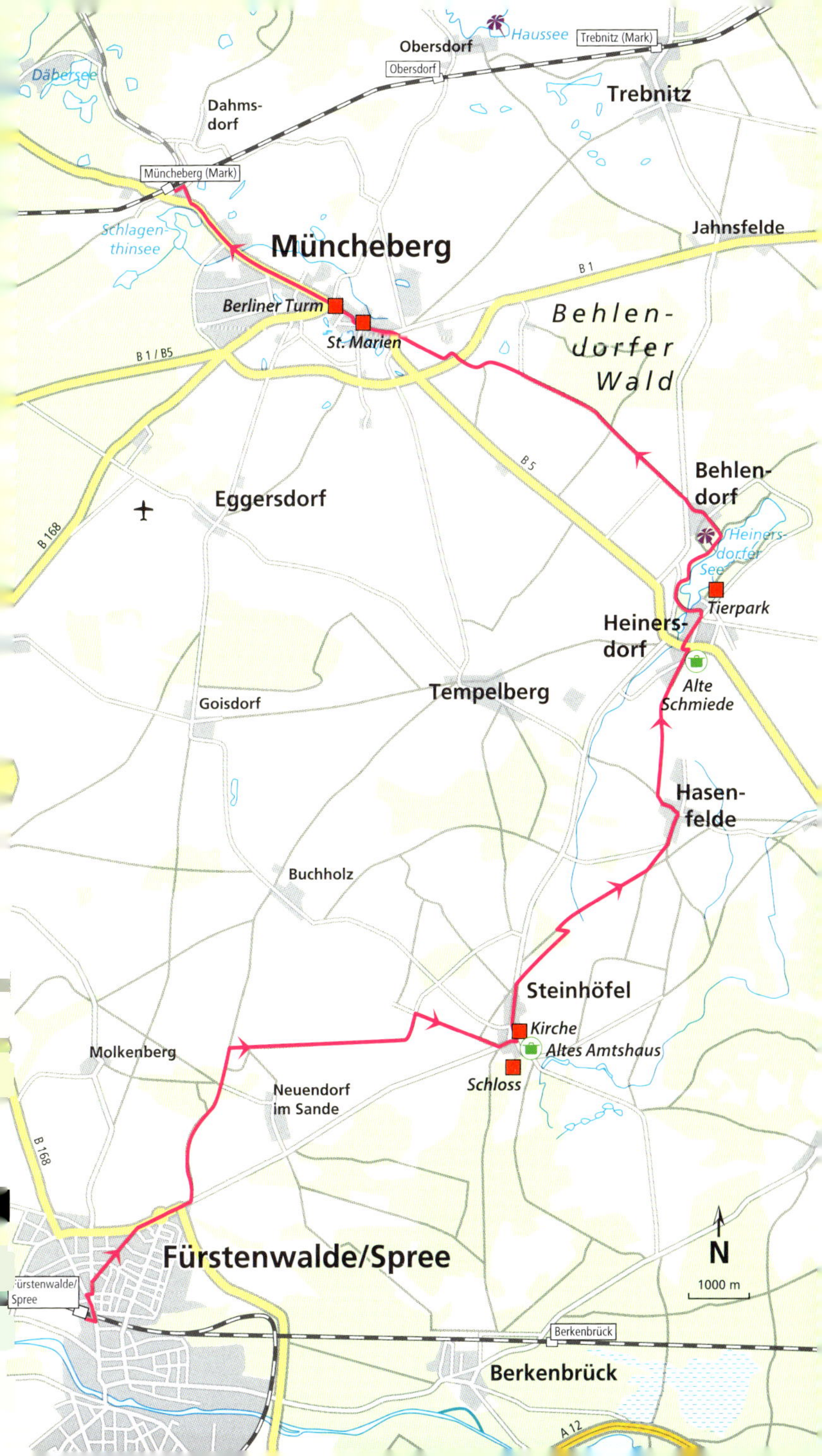
Haussee
Obersdorf
Trebnitz (Mark)
Obersdorf
Trebnitz
Däbersee
Dahms-
dorf
Müncheberg (Mark)
Schlagen-
thinsee
Jahnsfelde
Müncheberg
B 1
Berliner Turm
St. Marien
Behlen-
dorfer
Wald
B 1 / B5
B 5
Behlen-
dorf
Eggersdorf
B 168
Heiners-
dorfer
See
Tierpark
Heiners-
dorf
Alte
Schmiede
Goisdorf
Tempelberg
Hasen-
felde
Buchholz
Steinhöfel
Kirche
Altes Amtshaus
Molkenberg
Schloss
Neuendorf
im Sande
B 168
N
Fürstenwalde/Spree
1000 m
Fürstenwalde/
Spree
Berkenbrück
Berkenbrück
A 12

Kinder hier also lieber auf dem Gehweg fahren. Zum **Schloss** sowie zum **Café im Alten Amtshaus** biegt ihr vor der Kirche rechts ab.

Steinhöfel

Steinhöfel ist heute Sitz der gleichnamigen Gemeinde. Wenn man den kleinen Ort mit der **Feldsteinkirche** aus dem 13. Jahrhundert erreicht, vermutet man hier kaum den größten Landschaftspark Brandenburgs mit über 43 Hektar Fläche! Der **Schlosspark** Steinhöfel lädt mit Brückchen, Brunnen und Pferdestatuen zum ausführlichen Spaziergang ein. Auch wenn das Schloss selbst – ein im 18. Jahrhundert umgebautes altes Gutshaus – mittlerweile ein Hotel-Restaurant ist, ist der Park frei zugänglich. War er zu DDR-Zeiten von Traktoren umgepflügt und verwahrlost, könnt ihr jetzt auch eure Kinder hier toben lassen.

Nostalgisch kann einem in Steinhöfel auch zumute werden, wenn man den kleinen Dorfmarkt betritt: Der **Konsum** ist unauffällig in einem wunderschönen originalen, kleinen DDR-Gebäude zwischen Kirche und Schloss untergebracht. Es scheint fast, als ob die Zeit hier stehen geblieben ist.

km 10,5–21

Von Steinhöfel zum Heinersdorfer See

Um weiter in Richtung Heinersdorf zu fahren, durchquert ihr den Ort auf der Hauptstraße (Straße der Freundschaft) und biegt am Ortsausgang rechts wieder in den Radweg ein. Von der erhöhten Strecke auf dem ehemaligen Bahndamm kann man auch hier manchmal Tiere auf den Feldern beobachten, zum Beispiel Graureiher, Störche oder Feldhasen. Nach der schattigen Strecke durch den Mischwald dürft ihr kurz vor Hasenfelde die Abzweigung nach links nicht verpassen. Linker Hand laden im Spätsommer Pflaumenbäume zum Naschen ein, bevor ihr nach ein paar hundert Metern **Hasenfelde** erreicht.

Fahrt rechts in den Ort und biegt hinter der Kirche von der Hauptstraße links in die Heinersdorfer Straße ab, um am Dorfweiher vorbei auf den letzten Metern über Sand und Kopfsteinpflaster durch den Ort zu rutschen.

Gleich nach dem Ortsausgang von Hasenfelde beschreibt die Straße eine Rechtskurve. Nun wieder geteert, verläuft sie hügelig zwischen vielen alten Birnen- und Pflaumenbäumen. Ihr strampelt fleißig weiter Richtung **Heinersdorf** und habt den hübschen

Runter vom Rad, rein ins Wasser am Heinersdorfer See

Ort bald erreicht. Achtung: Dieser kurze Abschnitt wird auch von Autos befahren.

Wenn ihr nach einer Linkskurve auf die Bundesstraße stoßt, folgt ihr für etwa 100 Meter nach rechts, biegt dann aber gleich wieder links auf die Hauptstraße ab (sie heißt so). Der Radverkehr wird so geführt, damit er von den Autos besser gesehen wird.

Hübsch geht es durch eine Allee in den Ort. Links gibt es ein paar Spielgeräte, zum Beispiel ein Klettergerüst. Ihr könntet hier eine Pause einlegen und euch beim Imbiss/Eiscafé oder in dem kleinen – aber gut ausgestatteten – Supermarkt gegenüber eine Stärkung holen. Oder ihr fahrt direkt weiter an den nahen Heinersdorfer See.

Mit Kindern, die Tiere lieben, lohnt der kleine Abstecher zum **Heinersdorfer Tierpark,** gepflegt von Ehrenamtlichen. Hier leben einheimische Bauernhoftiere wie Esel und Hühner, aber auch exotischere Arten wie verschiedene Sittiche und Alpakas. Ihr kommt hin, indem ihr geradeaus die Hauptstraße entlangfahrt bis zur Abzweigung Am Tierpark nach links. Gleich unterhalb gelangt ihr rechts in den Wald zu den Gehegen.

Unsere Tour wird bereits kurz nach dem Supermarkt an der Hauptstraße nach links durch einen Weg entlang der Kirchmauern geführt. Es geht steil bergab und anschließend links durch eine idyllische Allee weiter an den **Heinersdorfer See.** Auch wenn hier nur selten Autos fahren, solltet ihr auf diesem kurzen Abschnitt Straße gut aufpassen, weil die Bäume die Sicht einschränken. Gut, dass der Radweg nach wenigen hundert Metern rechts abbiegt.

Kurvig geht es nun am Nordufer des Sees entlang und schnell gelangt ihr an eine wunderschöne **Badestelle** mit flachem, sandigen Einstieg und schattenspendenden Bäumen.

km 21–32 **Vom Heinersdorfer See nach Müncheberg**

Ausgeruht und abgekühlt seid ihr bereit für die letzten Kilometer nach Müncheberg. Der Radweg führt hier vom See weg schnurstracks hoch nach **Behlendorf.** Die Fahrt durch den Ort ist leider etwas beschwerlich, aber nach der Überquerung der Landstraße geht es dafür umso angenehmer auf kleinen Feld- und Radwegen im Baumschatten weiter.

So gelangt ihr an den Ortseingang von Müncheberg. Leider gibt es zur Fahrt durch das Ortszentrum auf der Hauptstraße kaum eine Alternative. Auch wenn ein Fahrradschutzstreifen markiert ist, sollten kleinere Kinder lieber auf dem Gehweg fahren.

Müncheberg

Auf halber Strecke von Berlin nach Polen ist die Kleinstadt mit knapp 7 000 Einwohnern besonders als Eingangstor zur Märkischen Schweiz beliebtes Ausflugsziel. Prägend für das Stadtbild ist auf der höchsten Erhebung die **Kirche St. Marien.** Während der Kern der gotischen Backsteinkirche aus dem 13. Jahrhundert stammt, ist der jetzige Umbau erst nach 1990 entstanden. Das Gebäude präsentiert sich nun als gelungene Symbiose aus weltlicher und christlicher Mischnutzung.

Am Kreisverkehr am Ende der Altstadt habt ihr von Sonntag bis Donnerstag noch die Möglichkeit, Softeis zu kaufen und im Park zu genießen. Zum Bahnhof gelangt ihr, indem ihr dem Radweg entlang der Straße vom Kreisverkehr noch für knapp 3 Kilometer folgt. Er ist dann nach rechts ausgeschildert und liegt nach einigen weiteren hundert Metern links vor euch.

Lieber auf dem Land leben oder in der Stadt?

Schon lange verlassen Menschen das Land, um in der Stadt zu leben, weil es dort Arbeit und viel mehr Angebote gibt als auf dem Land. Aber in letzter Zeit sind die Wohnungen in vielen deutschen Städten so teuer geworden, dass es manche umgekehrt machen und aus der Stadt aufs Land ziehen. Nicht alle wollen dann in einem kleinen Haus mit eigenem Garten und geschlossenen Türen wohnen. Es gibt auch neue, andere Ideen. Diese werden zum Beispiel im „Haus des Wandels“ in Heinersdorf verwirklicht, ganz nah beim Heinersdorfer See.

Ursprünglich war in dem riesigen Gebäude eine Berufsschule untergebracht mit 60 kleinen Zimmern für die Studierenden, mit Klassenzimmern und einem großen Saal mit Bühne. Außerdem gibt es einen Garten und eine Wiese – größer als ein Fußballfeld. Seit 2016 stand das Haus leer. Sieben begeisterte Menschen haben es mit einer klaren Idee gekauft: sie wollten ein Haus der Begegnung und der gegenseitigen Unterstützung gestalten.

In einem Teil wohnen jetzt Menschen ganz unterschiedlichen Alters zusammen. In einem anderem Teil sind Werkstätten (etwa für Fahrradreparatur), ein Café, eine Bibliothek und Räume für Veranstaltungen geplant. Künstlerinnen und Künstler können im Haus wohnen und dort an ihren Ideen arbeiten. Alle sollen sich dort wohlfühlen: egal, ob dick oder dünn, jung oder alt, schwarzhaarig oder blond …

Das Haus gehört vielen Menschen zusammen, sie kümmern sich gemeinsam um seine Erhaltung und Pflege. Und sie wollen nachhaltig und ökologisch handeln. Wie sie sagen: Sie wollen einen Ort zum Leben, Arbeiten und Dasein schaffen, der gut für die Zukunft geeignet ist.

Brand – Glashütte – Klasdorf

15 Lampenschirme aus Brandenburg – durch Wald und Feld zum Glasmuseum

Start	Ziel	Länge	Fahrzeit	Schwierigkeit
Bahnhof Brand Tropical Islands	Bahnhof Klasdorf-Glashütte	14 km	2 Std.	● mittel

Durch weite Wiesenlandschaften, schmucke Alleen und dichte Wälder: die Tour führt euch über wenig befahrene Nebenstraßen, Fahrradstraßen und Radwege durch eine ruhige, aber hübsche Gegend südlich von Berlin. Lohnendes Etappenziel ist das Museumsdorf Glashütte mit Glasbläserei und Museum. In gemütlicher Bullerbü-Atmosphäre findet ihr außerdem mehrere ansprechende Einkehrmöglichkeiten, niedliche Läden und Spielplätze. Vom Museumsdorf bis zum Bahnhof ist es dann nicht mehr weit, aber ihr könnt am Ende der Tour noch im Wildpark Johannismühle vorbeischauen. Bedenkt bei der Fahrt mit Anfängern, dass ein Teil dieser Route über Nebenstraßen geht.

Es muss nicht immer Karibik sein. Die Herbstlandschaft bei Brand ist doch auch sehr reizvoll!

Infos zur Tour

Anfahrt
Bahnhof Brand Tropical Islands RE2 und RB24 (von Berlin-Ostkreuz), alle 30 Min., 35–45 Min.

Rückfahrt
Bahnhof Klasdorf-Glashütte (RE5 nach Berlin-Südkreuz, alle 2 Std., 1 Std.)

Streckenverlauf
Bhf. Brand – Staakow – Rietze – Glashütte – Klasdorf – Bhf. Klasdorf-Glashütte – (Wildpark Johannismühle)

Streckencharakteristik
Die Strecke verläuft auf durchgehend geteerten Wegen durch wunderschöne, ruhige Landschaft: abwechselnd geht es durch dichte Waldabschnitte, Wiesen und Felder. Vor allem am Anfang der Tour fahren jedoch gelegentlich Autos.

Beschilderung
Radweg nach Glashütte

Spielplätze
vor allem im Museumsdorf Glashütte, außerdem in Staakow und Klasdorf

Besichtigungen
Museum und Glasstudio Glashütte
Hüttenweg 21 · 15837 Baruth OT Glashütte · (03 37 04) 98 09 14 · www.museumsdorf-glashuette.de · März–Dez. Di–So 10–17 Uhr (Jan./Feb. nur Mi–So) · 5,50 €, Kinder (7–15 Jahre) 3 €, Familie 13 €
Herz des Museumsdorfs: Ausstellung zur Glasproduktion und Glasstudio, wo man den Herstellungsprozess beobachten und selbst ausprobieren kann.

Wildpark Johannismühle
Johannismühle 2 · 15837 Baruth/Mark · www.wildpark-johannismuehle.de · tgl außer Mo bis 18 Uhr (letzter Einlass 16 Uhr), Nov.–Feb. bis 16.30 (letzter Einlass 15 Uhr) · 9,80 €, Kinder (3–15 Jahre) 5 €, Familien ab 24 €
Weitläufiger Wildpark mit Landschafts-Freigehegen. Tierfütterungen mehrmals pro Tag, Flugvorführung in der Falknerei zweimal pro Tag.

Einkehren
Bahnhofscafé Klasdorf
Am Bahnhof Klasdorf 1 · 15837 Baruth · (03 37 04) 6 79 28 · www.bahnhof-klasdorf.de · Mai–Sep. Sa/So/Fei 14–18 Uhr
Warten auf den Zug, entspannt im Schatten auf der alten Laderampe am liebevoll renovierten Bahnhofsgebäude. Kuchen, Suppen und Brotzeit. Sonntagnachmittag oft Livemusik.

Gasthof Reuner · Glashütte
Hüttenweg 18 · 15837 Glashütte · (03 37 04) 6 70 65 · www.gasthof-reuner.de · Apr.–Nov. Di–So 10–18 Uhr, März/Dez. nur bis 16 Uhr
Alter Gasthof mit großem Biergarten, im Angebot lokale Spezialitäten, darunter viele Wildgerichte. Spielplatz direkt oberhalb des Biergartens.

Schokoladen Albertine · Glashütte
Hüttenweg 3 · (03 37 04) 6 70 65 · Di–So 11–17 Uhr
Charmant und geschmackvoll eingerichtet. Man sitzt in der kleinen Teestube oder auf der Terrasse. Hausgemachte Kuchen sind die Spezialität (große Auswahl!) aber auch die Quiche könnte in Frankreich nicht besser sein.

km 0–2 Vom Bahnhof Brand bis nach Staakow

Wenn ihr in Brand aus dem Zug steigt, seht ihr am Horizont wie einen gigantischen Berg eine der Hauptattraktionen der Gegend aufragen: das künstlich angelegte Urlaubsparadies Tropical Islands, untergebracht im ehemaligen Zeppelinhangar. Vielleicht ein Ziel für einen anderen Familienausflug – heute bleiben wir in den gemäßigten Gefilden Brandenburgs. Aber auch beim Rollen durch weitläufige Wiesen und Schafweiden kommen Urlaubsgefühle auf. Der Fahrradweg nach Glashütte führt im Prinzip direkt geradeaus vom Bahnhof weg. Ihr müsst dafür nach dem Überqueren des Bahnhofsvorplatzes rechts in die Bahnhofstraße und dann gleich wieder links in die Nebenstraße abbiegen. Hier ist der Weg für Fahrräder dann auch schon ausgeschildert.

Achtet während der ersten zwei Kilometer auf den Verkehr, hier fahren häufiger Autos als im weiteren Verlauf der Strecke. Ihr folgt dem Sträßchen leicht bergab und könnt die Räder rollen lassen, Schafweiden zur Rechten, Bäume am Straßenrand. So gelangt ihr schnell in das kleine Örtchen **Staakow,** wo ihr links der Hauptstraße folgt. Im Zentrum gibt es einen kleinen, hübschen Dorfplatz mit (Rad-)Wanderkarte, Spielgeräten und der bodenständigen Gaststätte **Zum Thüringer.** Falls ihr einkehren wollt: Man sitzt hier relativ ruhig im Außenbereich und die Kinder haben die Möglichkeit, in der Nähe zu spielen.

km 2–11 Von Staakow zum Museumsdorf Glashütte

Unsere Tour setzt ihr auf der Dorfstraße fort. Verlasst Staakow und tretet munter weiter in die Pedalen: durch den Wald, über die Autobahn hinweg, immer geradeaus. Gemütlich könnt ihr hier durch Wälder und an weitläufigen Wiesen entlangradeln. Ab und an sind hier leider auch Autos unterwegs.

So gelangt ihr wenig später in den kleinen Ort **Rietze.** Durchquert den Ort, vorbei an der ehemaligen Schule auf der linken Seite am Ortsausgang. Schnell erreicht ihr dann in **Rietzneuendorf** den Radverkehrsknotenpunkt 66 an der Hauptstraße. Diese überquert ihr und folgt im Bogen nach rechts der Ausschilderung für Fahrräder in Richtung Glashütte. Ihr fahrt durch Felder und an einzelnen Häusern vorbei auf der Straße Zum Sandberg und biegt an der nächsten T-Kreuzung rechts ab. Schon seid ihr zurück an der Hauptstraße. Nach links geht es weiter in Richtung Glashütte.

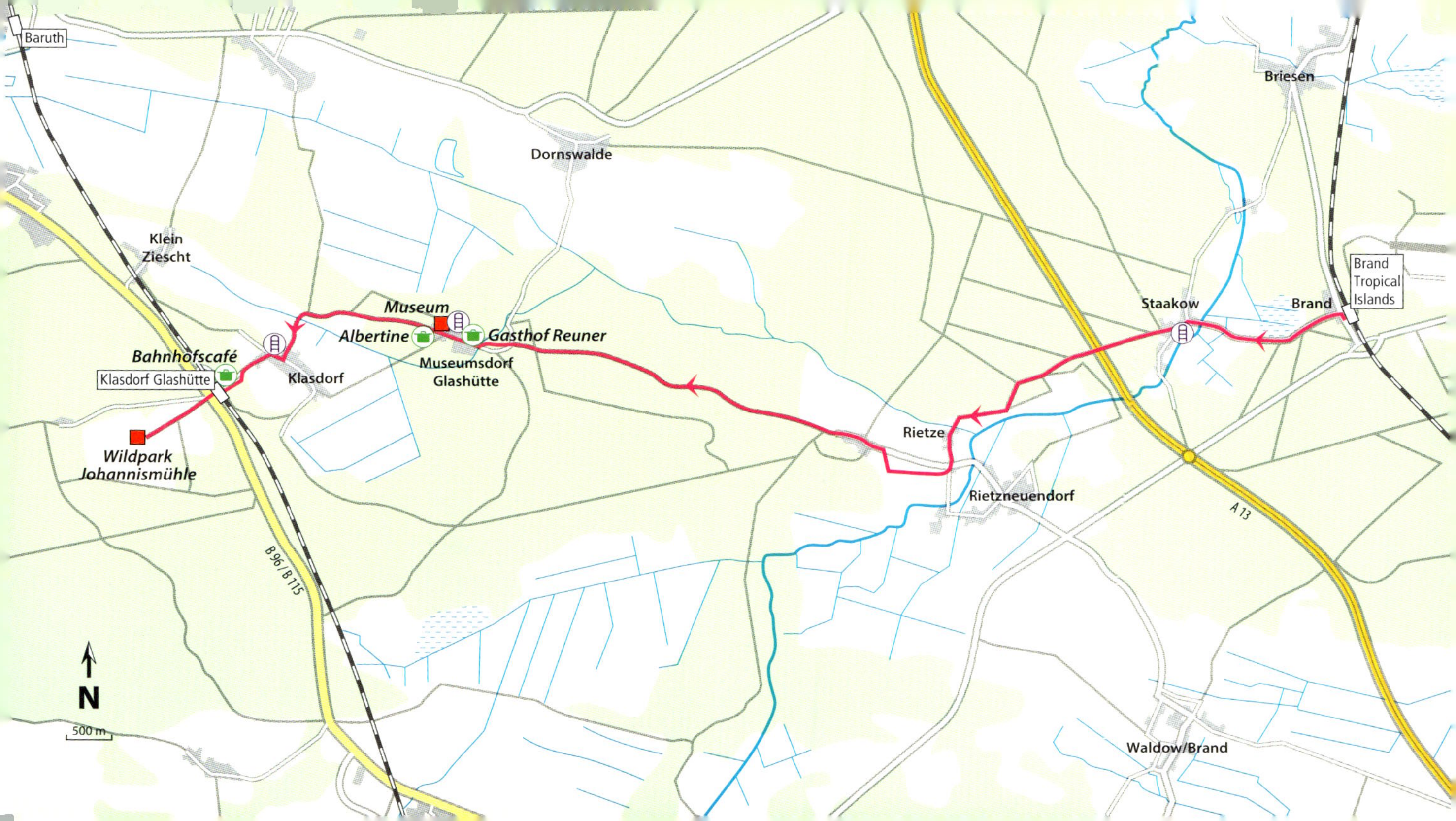
Baruth
Briesen
Dornswalde
Klein Ziescht
Brand Tropical Islands
Brand
Staakow
Museum
Albertine
Gasthof Reuner
Bahnhofscafé
Klasdorf Glashütte
Klasdorf
Museumsdorf Glashütte
Rietze
Rietzneuendorf
A 13
Wildpark Johannismühle
B 96 / B 115
N
500 m
Waldow/Brand

Das anschließende kleine Sträßchen führt wunderschön durch den Nadelwald. Lasst euch von den Waldgeräuschen, den Blättern im Wind, dem vielfältigen Vogelgezwitscher vereinnahmen. Leider fährt hier ab und zu auch mal ein Auto. Etwa nach einer halben Stunde Waldgenuss gelangt ihr an den Ortseingang des **Museumsdorfs Glashütte.** Links geht es über den kleinen Radweg auf der anderen Straßenseite ins Dorf hinein.

Museumsdorf Glashütte

Weitläufig ziehen sich die Wiesen von der Hauptstraße hoch zu den Gebäuden der ehemaligen Glashütte. Hübsche Gärten, einladende kleine Geschäfte und altehrwürdige Bäume prägen den Ort. Hier lässt sich gut pausieren und flanieren zwischen den detailverliebt renovierten Backsteinhäuschen.

1822 begann die Blütezeit der Baruther Glashütte. Sie wurde zu einer weltweit renommierten Adresse für hochwertige Glasprodukte, beispielsweise für Lampenschirme. Bis 1980 wurde hier produziert, inzwischen ist der Ort ein Museumsdorf, aber keineswegs ausgestorben. Etwa 50 Menschen leben hier, die alle etwas einbringen.

Für Kinder wird hier die Geschichte des Glasmachens greifbar präsentiert. Drei Ausstellungsräume zeigen historische Objekte und bieten interaktiv die Möglichkeit, mehr über Glas und seine Herstellung zu erfahren. Zwei Mal am Tag findet die auch für Kinder spannende Schauglasproduktion in der Ofenhalle statt. Für 7 € kann man sich sogar selbst als Glasbläser versuchen. Oder ihr probiert euch in diversen Kleinhandwerken aus wie Seifenherstellung, Töpferei oder Brotbacken (teilweise Voranmeldung notwendig).

Wenn ihr weiter in das Dorf fahrt, kommt ihr links an einer Gärtnerei

Pause am Wegesrand bei Rietzneuendorf

Brandenburg bukolisch: Schafherde hinterm Bahnhof Brand

vorbei, anschließend rechts am Gasthof Reuner, bevor ihr den liebevoll ausgestatteten **Dorfkonsum** mit lokalen Produkten in der Dorfmitte erreicht. Das **Museum** befindet sich schräg rechts vor euch, den Hügel hinauf. Öffentliche Toiletten mit Wickelmöglichkeiten befinden sich etwas oberhalb vom Museumsgebäude.

Im Museumsdorf gibt es **mehrere Spielplätze:** Ein kleines Gerüst ist direkt rechts oberhalb der öffentlichen Toiletten. Ein weiteres Klettergerüst mit Schaukel befindet sich auf der Anhöhe über dem Biergarten des Gasthofs Reuner. Einen lauschigen kleinen Spielplatz mit Rutsche gibt es dem Gasthof gegenüber auf der anderen Straßenseite, hinter der Töpferei. Spannend ist für Kinder auch ein Besuch im **Kräutergarten,** der wiederum neben der Töpferei liegt.

Einkehrmöglichkeiten gibt es viele im Museumsdorf. Eine große Auswahl an Speisen und viel Platz im Biergarten bietet der **Gasthof Reuner.** Sehr schön sitzt man auch auf der Terrasse des **Schokoladens Albertine** (Caféangebot) unterhalb des Museums an der Dorfstraße.

Viele Kinder haben auch Freude an einem kleinen Abstecher zu den **Kuhweiden** östlich vom Dorf. Dorthin gelangt ihr über die Dorfstraße am Kräutergarten vorbei. Ein Waldwirtschaftsweg führt gegenüber vom Hofladen Eierei in einer Linkskurve zu den Weiden hinter den Häusern von Glashütte. Wenn ihr diesem Weg weiter folgt, gelangt ihr über den Parkplatz am westlichen Ende des Dorfes auch wieder zurück auf die Dorfstraße.

km 11–14 **Vom Museumsdorf Glashütte zum Bahnhof Klasdorf-Glashütte**
Der kürzeste Weg zum Bahnhof Klasdorf führt von der Ortsmitte durch den Wald, er ist allerdings relativ sandig. Eine komplett geteerte Alternative und nur wenig länger ist der Fahrrad- und Skateweg, der die Dorfstraße Richtung Westen auf der linken Straßenseite begleitet.

Ihr braucht gut 15 Minuten bis zum Bahnhof. Der Weg führt schattig durch den Wald, bevor sich zur Linken der Blick auf offene Felder öffnet. Nicht selten sieht man hier ein Reh im Wald verschwinden. In **Klasdorf** angekommen, empfehlen wir, kurz auf der linken Straßenseite ohne Gehsteig zu bleiben. An der Dorfeiche fahrt ihr rechts und hinter dem kleinen Spielplatz an der Ecke wieder links. Etwa 100 Meter hinter dem letzten Haus biegt der Rad- und Fußweg schräg links ab und führt über einen kleinen Hügel durch den duftenden Kiefernwald direkt zurück zum Bahnhof.

Abstecher in den Wildpark Johannismühle

Der Wildpark ist weniger als einen Kilometer entfernt, allerdings müsst ihr dazu leider die Bahngleise überqueren. (Wenn ihr die Fahrräder nicht über die Gleisüberführung am Bahnhof tragen wollt, geht das nur mit einem Umweg über die für Radfahrer relativ enge Autobrücke.) Auf der anderen Seite fahrt ihr gegenüber vom Bahnhof geradeaus, überquert die Landstraße und fahrt an der Weggabelung links auf die Straße Johannismühle mit geteertem Fuß-/Radweg rechts. Der Wildpark ist groß (und der Eintritt nicht ganz billig), weshalb es sich lohnt, genügend Zeit für den Besuch mitzubringen. Inmitten einer Wald-, Wiesen- und Teichlandschaft leben hier verschiedene heimische Tierarten wie Rehe, Mufflons, Uhus oder Seeadler in großen Freigehegen, aber auch Wisente, Auerochsen, Braunbären, Wölfe sowie Luchse.

Wie wird (ein) Glas gemacht?

Das Material Glas kann in der Natur entstehen. Wenn ein besonderer Sand bei großer Hitze (etwa bei einem Vulkanausbruch oder Blitzschlag) schmilzt, wird er zu natürlichem Glas. Glas wurde also nicht *er*funden, sondern zunächst *ge*funden. Und dann versuchten die Menschen, die Natur nachzumachen. Seit etwa 7000 Jahren wissen sie, wie es geht. Schon im alten Ägypten stellte man Glas her. Die Römer nutzten als erstes die Technik des Glasblasens. Und man hat sogar ein fast 3000 Jahre altes Rezept gefunden: „Nimm 60 Teile Sand, 180 Teile Asche aus Meerespflanzen, 5 Teile Kreide". Ein heutiger Glasmacher verwendet im Grunde dieselben Zutaten: Quarzsand, Kalk, Soda und manchmal auch Pottasche (ein Salz, das früher aus Asche gewonnen wurde). Dieses Gemisch wird bei hohen Temperaturen (circa 1600 Grad) geschmolzen und geformt.

Für die Glasherstellung braucht man also viel Brennholz, um so eine große Hitze zu erzeugen. Aus diesem Grund entstand eine Glashütte auch genau hier, bei Baruth im Jahr 1716 – denn 1715 hatte es einen großen Sturm in der Gegend gegeben, der eine große Waldfläche niederriss. So gab es hier das nötige Brennholz.

Für Gläser, Vasen oder Lampenschirme wird das heiße, flüssige Glas in Form geblasen. Dafür nimmt man ein bisschen von der heißen, weichen Glasmasse auf einen langen, hohlen Metallstab. Dann wird reingepustet. Der Glasklumpen bläht sich zu einer hohlen Kugel auf. Der Glasmacher dreht sie in eine Form und wiederholt das ganze dreimal. Dann muss das Glas langsam abgekühlt werden. Ihr könnt das in Glashütte beobachten und selbst ausprobieren.

Lübbenau – Lehde – Dubkow Mühle (Rundtour)

16 Reise in die Vergangenheit an der hundertarmigen Spree

Start	Ziel	Länge	Fahrzeit	Schwierigkeit
Bahnhof Lübbenau	Bahnhof Lübbenau	6,5 km (19 km)	1 Std. (3 Std.)	● mittel (● herausfordernd)

In Lübbenau seid ihr mittendrin in der einzigartigen Wasserlandschaft des Spreewalds: eine bunte Komposition aus Kanälen, grünen Hügeln und malerischen Dörfern. Besonders zauberhaft ist es hier im Frühling, wenn an grünen Ufern gelbe Narzissen und Dotterblumen leuchten. Neben schöner Natur verspricht diese Radtour auch einen Ausflug in die Geschichte. Im Freilandmuseum Lehde könnt ihr sehr anschaulich ein Jahrhundert zurückreisen in die Vergangenheit der Spreewaldorte und mehr über die Kultur der Sorben erfahren. Außerdem gibt's noch den Spreewald-Spielplatz in Lübbenau – nach dem Urteil unserer Kinder der beste Spielplatz in ganz Brandenburg!

Was dem Venezianer die Gondel ist dem Spreewälder der Kahn

Infos zur Tour

Anfahrt/Rückfahrt
Bahnhof Lübbenau RE2 ab Berlin Hbf oder RB24 (ab Berlin Ostkreuz), zweimal pro Std., ca. 1 Std.

Streckenverlauf
Bhf. Lübbenau – Markt – Großer Spreewaldhafen – Lehde – Leipe – Dubkow-Mühle – Boblitz – Bhf. Lübbenau

Streckencharakteristik
Abwechslungsreiche Tour durch die Wasserlandschaft und malerische Spreewalddörfer. Die erste Hälfte ist stark touristisch geprägt, die zweite führt über Felder und Wiesen. Bei Lehde und Dubkow-Mühle gibt es steile Treppen-Brücken.

Beschilderung
Gut markierter Radweg

Spielplätze
Spreewald-Spielplatz in Lübbenau

Besichtigungen
Spreewald-Museum Lübbenau
Topfmarkt 12 · 03222 Lübbenau · (0 35 73) 8 70 24 20 · www.museums-entdecker.de · Apr.–Okt. 10.30–18, Nov.–März 11–16 Uhr, Mo geschlossen · 6 €, Kinder unter 16 Jahre frei, Kombi-Karte mit Freilandmuseum Lehde 10 €
Eine schöne Zeitreise: Das Museum zeigt alte Kaufläden, Werkstätten und die originale Spreewaldbahn-Dampflok mit Waggon wie vor über 100 Jahren. Vieles zum Anfassen und Ausprobieren.

Freilandmuseum Lehde
An der Giglitza 1a · 03222 Lehde · (0 35 73) 8 70 24 40 · www.museums-entdecker.de · Ende März–Sep. tgl. 10–18, Okt. 10–17 Uhr · 6 €, Kinder bis 16 Jahre frei, Kombi-Karte mit Spreewald Museum Lübbenau 10 €
Liebevoll gestaltetes, interaktives und kinderfreundliches Museum, Sonderveranstaltungen (z. B. zu Weihnachten, siehe Webseite). Nicht barrierefrei, da Zugang über Holzbrücken mit Stufen.

Einkehren
Gasthaus Bludnik · Lehde
An der Giglitza 4a · 03222 Lehde · (0 35 42) 8 87 92 36 · www.bludnik.de · tgl. 11–17 Uhr
Nettes Restaurant mit kleiner Sommerterrasse. Im Angebot Spreewälder Küche, bei Kindern besonders beliebt sind Hefeplinsen.

Gasthaus Fischerstübchen und Hof-Imbiss · Leipe
Leiper Dorfstraße 2 · 03222 Leipe · (0 35 42) 28 05 · www.spreewaldhof-leipe.de/gaststaette-im-spreewald-fischerstuebchen · tgl. 11–20 Uhr
Biergarten mit lokalen Speisen in idyllischer Lage. Daher aber auch oft voll.

Tipp
Mückenspray nicht vergessen!

km 0–0,6 **Vom Bahnhof Lübbenau zum großen Spielplatz**

Die Stadt **Lübbenau** ist ein zauberhafter, vom Wasser geprägter Ort und bedeutendes Tourismuszentrum im Spreewald. Auf eurem Weg, der meist am Wasser entlang verläuft, werdet ihr daher sicher nicht allein sein. Zumindest bis Lehde ist mit vielen anderen Ausflüglern zu rechnen.

Los geht's am Bahnhof. Überquert an der Ampel die Straße und folgt geradeaus der Beschilderung in Richtung Innenstadt. In der Poststraße gibt es zwar keinen Radweg, aber kleine Kinder können den Gehweg nutzen. Sogleich gibt es zwei Attraktionen für Familien: zuerst rechts einen Minigolfplatz und kurz dahinter den fantastischen **Spielplatz.** Plant hier genügend Zeit ein. Der Spielplatz setzt die Besonderheiten des Spreewalds in Szene: Kinder können auf dem sorbischen Schlangenkönig-Barfußpfad laufen, Gurken verkaufen, auf Fischen schaukeln, auf weiträumigen Gerüsten klettern oder am „Heuschober" bouldern. Einziges Manko: Es gibt wenig Schatten – Sonnenschutz erforderlich.

Der Spreewald

Der Spreewald ist eine in Deutschland einmalige Landschaft. Die Spree verzweigt sich hier in hunderte Arme, Fließe und Kanäle. Auf vor Überflutungen geschützten Sandinseln, sogenannten Kaupen, haben schon vor mehreren Jahrhunderten Menschen ihre Häuser gebaut und Landwirtschaft betrieben. Wegen der Vielfalt der Tier- und Pflanzenwelt wurde das Gebiet 1991 zum UNESCO-Biosphärenreservat erklärt. Ein sehenswertes und kinderfreundliches Museum ist das **Spreewald Museum** Lübbenau. Dazu biegt ihr am Ende der Poststraße links ab. Nach ein paar Minuten seht ihr es auf der rechten Seite.

Mit dem Spreewald ist auch die sorbische Minderheit eng verbunden. Das merkt ihr schon bei den zweisprachigen Ortsnamen wie Lübbenau/Lubnjow. Mehr über die Sorben erfahrt ihr im Museum in Lehde oder auf Seite 147.

km 0,6–3 **Vom Spielplatz nach Lehde**

Nach dem Spielplatzspaß folgt ihr der Poststraße bis zum Ende – zum **Markt** – und biegt dort rechts ab. Schon wird es historisch: Rundherum erzählen die prächtigen Bürgerhäuser aus dem 18. und 19. Jahrhundert vom Wohlstand, zu dem die Stadt durch den Gur-

Spreewald-Museum
Lehde
Spreewald-hafen
Freilandmuseum
Bludnik
Burg-Lübbener-Kanal
Fischerstübchen
Leipe
Burg-Kauper
Burg-Kolonie
Dubkow-Mühle
Hauptspree
Lübbenau
Lübbenau
Boblitz
Groß Klessow
A 15
Groß Lübbenau
N
1000 m

ken- und Gemüseanbau, die Leinenweberei und Bierbrauerei gekommen ist. Der **Sagenbrunnen** neben der Lübbenauer Kirche setzt einige skurrile sorbische Fabelwesen in Szene.

Ihr fahrt holprig auf der gepflasterten Ehm-Welk-Straße weiter. Nach circa 200 Metern, gleich vor der Brücke über die Spree, biegt ihr rechts in die Dammstraße ein, wo sich Restaurants, Kanu- und Fahrradverleihe sowie der **Spreewaldhafen** befinden. Kurz hinter dem Hafen geht es links in eine Fahrradstraße, Lehde ist bereits ausgeschildert. Achtung: Die ersten 700 Meter dieses Wegs werden noch von Autos befahren. Danach führt der gut ausgebaute Fuß- und Radweg im Schatten von Birken und anderen Laubbäumen am Wasser entlang. Nach einem knappen Kilometer kommt links die Abzweigung nach Lehde.

Zum Spreewalddorf Lehde ist es ein halber Kilometer, den ihr hin- und wieder zurückfahren müsst, aber der Ort lohnt den Besuch. Bald erreicht ihr auf dem Weg wieder die Spree und damit auch eine hohe Brücke mit Treppen und einer steilen und engen Fahrradrampe an der Seite. Ihr könnt entweder das Fahrrad hier stehen lassen (es gibt einen Ständer für sechs Fahrräder) oder hinüberschieben. Eine weitere solche Brücke erwartet euch in der Mitte des Spreewalddorfs.

Das Spreewalddorf Lehde

Das Dorf Lehde, niedersorbisch Lědy, steht heute komplett unter Denkmalschutz. Schöne alte Blockhäuser und enge Wasserkanäle mit kleinen Brücken veranlassten Theodor Fontane, es als „Lagunenstadt im Taschenformat" zu bezeichnen. Über Jahrzehnte stellten die Wasserwege die einzige Verbindung zu anderen Orten dar. Post und Müll wird bis heute auf Kähnen abtransportiert. Erst viel später wurden Straßen, Rad- und Wanderwege angelegt.

Im Dorfzentrum steht eine Holzbrücke, die in drei Richtungen führt. Nach rechts kommt ihr direkt zum liebevoll gestalteten **Freilandmuseum Lehde,** in dem ihr ins Dorfleben des 19. und 20. Jahrhunderts reinschnuppern könnt. Kinder können alte Kinderspiele ausprobieren, im Heu ausruhen oder in Holzpantinen laufen. Es gibt viele Mitmachstationen, lasst euch Zeit.

Viel Wasser – viele Brücken. Es gibt eine schmale Fahrradrampe an der Seite

Kurze Variante

Von Lehde zurück nach Lübbenau **km 3–6,5**

Wer nicht denselben Weg zurückfahren möchte, fährt über die Brücke geradeaus und weiter die Dorfstraße entlang. Am Ortsende führt ein getrennter Radweg entlang des Lehdscher Wegs, bis er auf die Straße einschert, um über eine Brücke zu kommen. Das ist ein sehr kurzes (keine 100 Meter), aber unangenehmes Stück. Gleich hinter der Brücke könnt ihr aber rechts über den Campingplatz und durch den Schlosspark weiterradeln. Hinter dem Schloss überquert ihr die Spree und schon seid ihr auf der bereits bekannten Ehm-Welk-Straße.

Von Lehde zur Dubkow-Mühle **km 3–9,5**

Die lange Strecke führt von Lehde zurück zur Kreuzung und dann links weiter nach Leipe, ausgeschildert mit 5 Kilometern Entfernung. Ganz angenehm radelt ihr zwischen den Birken, Eschen, Eichen und Erlen mit Wasserkanälen zu beiden Seiten. Im Frühling ist die Szenerie besonders hübsch: an den Ufern wachsen gelbe Narzissen und Dotterblumen in großen Büscheln.

Diese wunderschöne Landschaft lockt daher nicht nur euch, sondern auch viele andere auf dem Rad oder zu Fuß. Die Wege sind zwar breit (meistens rund 3 Meter), aber der lebhafte Radverkehr und die Wassernähe können für Kinder doch zur Herausforderung werden.

Auch das Dorf **Leipe** liegt auf einer Kaupe. Die Häuser stehen am Wasser und mitten auf dieser Sandinsel gibt es landwirtschaftliche Flächen. Heute führt auch eine asphaltierte Straße hierher, auf der ihr euch jetzt bewegt. Folgt den Schildern zur **Dubkow-Mühle** – gleich wird eines nach rechts weisen. Bis zur Mühle bleiben 1,5 Kilometer auf der Straße (mit Tempolimit 50 km/h), sie steht auf der rechten Seite. Links neben dem Parkplatz führt eng der Radweg zur Spree.

km 9,5–19 **Von der Dubkow-Mühle nach Lübbenau**

Die zweite Hälfte der Tour verläuft viel ruhiger und entspannter. Hier entdeckt ihr die landwirtschaftliche Seite des Spreewalds. Bei der Mühle ist noch eine letzte Treppen-Brücke (mit schmaler Rampe) über die Spree zu überwinden, dann fahrt ihr zwischen Pferdekoppeln oder Rinderweiden hindurch. Wo sich nach circa 400 Metern der Weg gabelt, nehmt ihr den rechten zurück nach Lübbenau. Es bleiben circa 7 Kilometer.

Der breite, unbefestigte Weg führt ruhig zwischen Weiden und Wiesen entlang, ab und zu tauchen Laubbäume auf, die etwas Schatten spenden. Neben euch fließt das Wasser. Es gibt nur wenige Kreuzungen und der Radweg ist sehr gut markiert, daher könnt ihr den freien Blick genießen und euch mit den Kindern über die Spreewälder Gurken, die niedersorbische Sprache oder die tolle Wasserlandschaft unterhalten. Kurz hinter den Eisenbahnschienen kommt eine erste Kreuzung, ihr fahrt noch geradeaus. An der nächsten biegt ihr rechts ab ins Dorf **Boblitz** (Bobolce), wo noch einige alte Häuser stehen. Am Kanalende macht der Radweg eine kleine Schleife nach rechts, dann folgt ihr der Rosenstraße, die auf die Boblitzer Lindenstraße mündet.

Ihr verlasst Boblitz und vor euch erstrecken sich wieder die Felder. Der Weg gabelt sich und ihr folgt dem besser befestigten Weg nach rechts (in dem Autos verboten sind). Kurz danach stößt der Radweg auf die Landstraße (L49) und folgt ihr, baulich getrennt, bis Lübbenau. Nur auf den letzten 100 Metern müsst ihr auf der Straße radeln, die hier bereits Bahnhofstraße heißt und – wie ihr wahrscheinlich schon erraten habt – direkt zum Bahnhof führt.

Wie lebten Kinder im Spreewald vor mehr als 100 Jahren?

Als die Oma deiner Oma ein Kind war, so alt wie du, war Lehde ein Inseldorf, umgeben von Spree und Wasserkanälen. Weniger als 300 Menschen wohnten dort. Die meisten bauten Gemüse an, fingen Fische und hielten Vieh. Zu ihren Nachbarn und anderen Orten gelangten sie nur über Wasserstraßen, auf denen sie meistens mit einem kleinen, flachen Boot fuhren: dem Kahn.

Auch in die Dorfschule fuhren fast alle Kinder aus den Spreewalddörfern mit dem Kahn. Aber bevor die Schule losging, hatten sie schon einiges an Haus und Hof zu tun: etwa sich um die kleineren Tiere zu kümmern.

In Lehde gab es eine Schule mit nur einer Klasse. 40 bis 60 Kinder von der ersten bis zur achten Klasse saßen eng zusammen auf unbequemen Holzbänken und lernten. Gehorsam und Sauberkeit waren wichtig, sonst gab es harte Strafen. Am Morgen wurde überprüft, ob die Fingernägel nicht dreckig waren. Die Kleineren übten Schreiben mit Kreide auf kleinen Schiefertafeln. Papierhefte waren zu wertvoll. Und im Sommer gab es Ernteferien. Das war keine Urlaubszeit, sondern Zeit, um arbeiten zu können. Die Kinder halfen ihren Eltern auf den Feldern.

Zum Spielen gab es natürlich keine Legosteine oder Computerspiele. Es gab nicht einmal Strom. Aber wenn die Kinder Zeit hatten, spielten sie mit dem, was sie finden konnten: Sie hüpften in alten Getreidesäcken, sprangen übers Seil, spielten mit Reifen oder einfach fangen und verstecken. An ein eigenes Kinderzimmer oder sogar ein eigenes Bett war damals nicht zu denken. Die Häuser waren kleiner und die Familien, oft mit mehr als vier Kindern, viel größer.

Cottbus – Neuhausen (oder Talsperre Spremberg)

17 Stadt, Land, Fluss: Durch Cottbus und die Spreeauen

Start	Ziel	Länge	Fahrzeit	Schwierigkeit
Hbf Cottbus	Bhf. Neuhausen (Bhf. Bagenz)	13 km (19 km)	1,5 Std. (3 Std.)	● leicht (● herausfordernd)

Diese Tour verspricht eine ausgewogene Mischung aus Stadterlebnis, schöner Landschaft und Badespaß. Klettert auf den Spremberger Turm und schaut von oben auf die Altstadt, genießt ein Eis auf dem malerischen Cottbuser Altmarkt, erkundet die vielen Parks und die Spreeauen. Oder radelt gleich an der Spree entlang im Schatten der Bäume nach Süden. Auf dem Weg könnt ihr euch im Madlower See abkühlen und euch an der Kutzeburger Mühle eine Pause mit leckerem Essen gönnen – direkt an der Pferdekoppel oder im Gasthaus. Wer sicher und gut im Fahrradsattel sitzt, radelt weiter bis zur Talsperre Spremberg und springt noch mal ins Wasser.

Durch lichten Mischwald geht es vor Neuhausen

Infos zur Tour

Anfahrt

Hbf Cottbus (RE2 von Berlin Hbf, stündlich, 1 Std. 20 Min.)

Rückfahrt

Bahnhof Neuhausen bei Cottbus, bzw. Bahnhof Bagenz (RB65 bis Cottbus, dann RE2 nach Berlin Hbf, stündlich, 1,5 Std.)

Streckenverlauf

Hbf Cottbus – (Altstadt Cottbus) – Madlower See – Kutzeburger Mühle – Bhf. Neuhausen (b. Cottbus) – Talsperre Spremberg – Bhf. Bagenz

Streckencharakteristik

Cottbus ist eine schöne, grüne Stadt mit vielen Radwegen, die aber oft durch Treppen oder andere Hindernisse unterbrochen werden. Daher empfiehlt es sich, den hier beschriebenen Weg zu nehmen. Ab dem Zoo geht es auf gut ausgebauten Wegen durch schöne Landschaften.
Bei der Verlängerung bis zur Talsperre verläuft die Route ab Neuhausen viel auf der Straße.

Beschilderung

Gut markierter Radweg

Spielplätze

Wasserspielplatz im Eliaspark in Cottbus

Baden

Badestellen
am Madlower See
und an der Talsperre Spremberg

Besichtigungen

Brandenburgisches Landesmuseum für moderne Kunst
Am Amtsteich 15 · 03046 Cottbus · www.blmk.de · Di–So 11–19 Uhr
Eintritt: 4–6 € / frei bis 18 Jahre
Größte Sammlung an DDR-Kunst in Brandenburg, ausgestellt in einem imposanten alten Dieselkraftwerk. Für Kunstinteressierte unbedingt einen Besuch wert (Angebote für Familien siehe Website).

Wendisches Museum Cottbus
Mühlenstraße 12 · 03046 Cottbus · www.wendisches-museum.de
Mi–Fr ab 10, Sa/So/Fei ab 13 Uhr,
Eintritt: 2,50 € / Kinder frei
Einblick in die Tradition der sorbisch-wendischen Kultur in der Lausitz.

Einkehren

Restaurant zur Kutzeburger Mühle
Zur Kutzeburger Mühle 1 · 03051 Cottbus · (01 74) 9 39 12 82 · www.kutzeburgermuehle.com ·
Mi–Sa ab 12, So ab 11 Uhr geöffnet
Draußen oder drinnen ein angenehmes Restaurant mit sehr leckerem Essen. Kinder können Pferde, Kaninchen, Katzen und Vögel beobachten. Einfacher Spielplatz.

Eiscafé Da Capo · Cottbus
Marktstraße 14 · 03046 Cottbus · www.eiscafe-dacapo.de/gelato/ ·
tgl. 10–18 Uhr
Dieses Eis ist ein Muss! Man kann sich zum Frühstücken, für einen Eisbecher oder Kuchen auch setzen. Große Auswahl.

Cottbus

Gleich am Cottbuser Bahnhof entdeckt ihr die erste Spur der Wenden: der Ortsname lautet auch Chóśebuz. Er verweist auf die Siedlung des Chóśebud, eines slawischen Helden. Im 8. Jahrhundert errichteten die Slawen einen Burgwall am Westufer der Spree, worauf sich in der Nähe eine Siedlung entwickelte, die 1156 zum ersten Mal in offiziellen Dokumenten erwähnt wurde. Heute ist Cottbus/Chóśebuz die zweitgrößte Stadt Brandenburgs und das politisch-kulturelle Zentrum der Wenden in der Niederlausitz. Cottbus hat eine Universität und ein reichhaltiges Kulturangebot, das vom Staatstheater über verschiedene Museen, wie etwa das Wendische Museum oder das Landesmuseum für moderne Kunst (mit Atelier für Kinder und Jugendliche), bis zum bekannten osteuropäischen FilmFestival reicht (mit dem Programm „Kids im Kino"). Nicht zuletzt gibt es auch viel Grün in der Stadt, was ihr heute beim Radeln selbst erleben werdet.

⇨ Abstecher in die Cottbuser Altstadt

Wer vor Beginn der Radtour noch die Altstadt erkunden möchte, verlässt den Bahnhof am nördlichen Ausgang und fährt dann links die Bahnhofstraße hoch. Nach ca. 800 Metern rechts in die Karl-Liebknecht-Straße abgebogen, erreicht ihr den schon von Weitem sichtbaren **Spremberger Turm** mit Zinnenkrone. Er war Teil der Stadtbefestigung und ist ein Cottbuser Wahrzeichen. Aus 28 Meter Höhe könnt ihr einen schönen Blick über die Stadt werfen.

Hinter diesem historischen Stadttor betretet ihr die Altstadt mit kleinen Gassen und dem **Altmarkt** mit Häusern aus unterschiedlichen Epochen: Giebelbauten in sächsischem Barock, klassizistische Häuser aus dem 18./19. Jahrhundert, aber auch Plattenbauten. Vom Altmarkt geht es weiter Richtung Osten zum Kanal Mühlgraben und über die Brücke in die Uferstraße, wo die ältesten Häuser der Stadt stehen, die einstigen **Gerberhäuser.** Das kleinste wurde 1727 im Fachwerkstil gebaut. Dahinter be-

Lecker Eis auf dem Cottbuser Altmarkt

Altstadt
N
500 m
Sandower Dreieck
Cottbus
Cottbus
Tier-
park
Branitzer
Park
Haasow
Spree
Branitz
B 168
Spreewehr
Madlower
See
Sachsendorf
Madlow
Kiekebusch
Kahren
A 15
Gallinchen
Kutzeburger
Mühle
Frauen-
dorf
Spree
Neuhausen
Neuhausen
Groß Oßnig
Klein
Döbbern
B 97
Bräsinchen
Bagenz
Groß
Döbbern
Talsperre
Spremberg
Bagenz
Camping-
platz

findet sich das Museum für moderne Kunst und der Goethe-Park mit einem kleinen Spielplatz. Ihr radelt über die Spree und auf der anderen Seite nach Süden am Ufer entlang bis zum Wehr. Hier fahrt ihr links ab zur Willy-Brandt-Straße und folgt ihr nach rechts, unter den Gleisen hindurch bis zum Stadtring. Rechts von euch liegt der **Eliaspark** mit einem schönen **Wasserspielplatz.** Den Stadtring überquert ihr an der Ampel, danach geht es rechts auf den Radweg, der nach ein paar Metern links abbiegt und als Kiekebuscher Allee östlich am Spreeauenpark entlangführt. Direkt hinterm Tierpark nach rechts stoßt ihr dann auf den Spreeuferweg. Eure Tour verlängert sich dadurch um rund drei Kilometer.

km 0–2,5 **Vom Bahnhof zum Tierpark**

Wer die Stadt schon kennt und gleich losradeln will, verlässt den Bahnhof Richtung Vetschauer Straße. Auf dem begleitenden Radweg fahrt ihr nach Osten, dann auf dem Stadtring weiter immer geradeaus. Hier schlägt zunächst die eher unangenehme Seite der Stadt zu Buche: die vollen und lauten Straßen. Zum Glück ist es bis zur Spree nicht weit, wo ihr gleich hinter der Brücke den Weg nach rechts in die Baumallee nehmt. Ganz entspannt radelt ihr nun zwischen der Spree, die rechts von euch ab und zu durchscheint, und dem Spreeauenpark auf der Linken. Ein Weiher mit Fontäne ist zuerst zu sehen, später sind verschiedene Tierstimmen aus dem **Tierpark** zu hören.

km 2,5–8 **Vom Tierpark Cottbus zur Kutzenburger Mühle**

Schön im Schatten radelt ihr an der Spree entlang bis zum **Kiekebuscher Spreewehr.** Da Cottbus und natürlich der ganze nahegelegene Spreewald mit seinen vielen Wasserarmen und Kanälen ständig von Hochwasser bedroht waren und sind, dient dieses Wehr zusammen mit zwei anderen in der Stadt sowie der Talsperre Spremberg dazu, den Wasserstand zu regulieren. Ihr überquert die Brücke des Wehrs und kommt zu einer Kreuzung an der kleinen **Jubiläumsbrücke,** die ihr überquert. Zum **Madlower See** fehlt noch etwa ein halber Kilometer. Der asphaltierte Radweg führt durch den schattigen Park, bis ihr rechts den blitzenden Wasserspiegel entdeckt. Der sandige Strand liegt am nördlichen Abhang und bietet nicht nur Kindern viel Spaß, sondern auch einen sehr schönen Blick übers baumbestandene Wasser.

Wo geht's zum Madlower See?

Der Radweg schlängelt sich am Spreeufer durch Eichen, Kastanien und Birken. Ihr folgt der Markierung zur Kutzeburger Mühle und der Talsperre Spremberg. Wo der bewaldete Park endet, fahrt ihr weiter durch eine schmale Baumallee. Rechts tauchen weite Wiesen auf, links fließt ganz träge das Wasser des Mühlgrabens, eines künstlich angelegten Nebenarms der Spree. Im Sommer blühen hier wunderschöne gelbe Teichrosen. Nachdem der Radweg eine Rechts- und anschließend eine Linkskurve vollzogen hat, könnt ihr die Madlower **Martinskirche** sehen. Es ist die älteste Kirche im Kreis Cottbus. Kurz danach stoßt ihr auf den verkehrsreichen Kiekebuscher Weg, den ihr vorsichtig überquert. Dann folgt ihr weiter dem Radweg zwischen Mühlgraben und den Wiesen und Weiden. Die Pferde auf der Weide deuten darauf hin, dass es nicht mehr weit zur **Kutzeburger Mühle** ist, denn dort befindet sich ein Reiterhof, verschiedene Imbisse und der einladende **Gasthof Zur Kutzeburger Mühle.** Die ehemalige Wassermühle gab auch der nahen Siedlung ihren Namen.

Von der Kutzeburger Mühle nach Neuhausen — km 8–13

Kurz hinter der Kutzeburger Mühle führt der Radweg zwar nach links auf die Frauendorfer Straße, diese ist aber nicht stark befahren und der Verkehr wird durch ein Tempolimit gebremst. Erst hier verlasst ihr offiziell die Stadt Cottbus. Kurz hinterm Ortsschild biegt der Radweg links über die Spree und führt nach Frauendorf. Entlang der Hauptstraße besteht hier für Radfahrende die Möglichkeit, den Gehweg (vorsichtig) zu nutzen. Und schon nach etwa 400 Metern biegt der Radweg nach rechts ab und wird zu einer Fahrradstraße. Sie führt zwischen Mischwald und Maisfeldern bis nach **Neuhausen** bei Cottbus. Zunächst tauchen links Gleise auf, bald darauf auch die Bahnhofsgebäude.

Erquickend und labend: Bad im Stausee der Spremberger Talsperre

Verlängerung: Weiter zur Talsperre Spremberg

km 13–19 **Von Neuhausen zum Bahnhof Bagenz**

Die Verlängerung bis zur **Talsperre Spremberg** bietet noch mehr Wasserspaß, leider verläuft die Strecke teilweise auf befahrenen Straßen. Daher empfehlen wir die Route nur erfahrenen Radfahrern. Vom Bahnhof Neuhausen folgt ihr der Bahnhofstraße bis in die Ortsmitte, wo rechts die Straße nach **Bräsinchen** abbiegt. Auf ihr fährt man zwei Kilometer, sie ist zwar übersichtlich, aber mit Verkehr. Ab Bräsinchen führt dann ein asphaltierter Radweg links weiter ganz angenehm und ruhig durch den Kiefernwald. Hinter der Ferienanlage Seenland stoßt ihr auf eine Kreuzung. Hier könnt ihr entweder am Zaun entlang Richtung Wasser fahren und dann über einen Waldweg weiterlaufen, bis ihr eine schöne Badeecke findet. Oder ihr folgt weiter dem Radweg (Am Staudamm) und kommt zum Campingplatz mit Sandstrand und Imbiss. Die Jugendherbergsstraße links bringt euch von hier direkt zum etwa einen Kilometer entfernten Bahnhof **Bagenz.**

Warum sind die Ortsschilder in Cottbus zweisprachig?

Dobry źeń! So begrüßen sich einige Leute im Südosten Brandenburgs. Es bedeutet „Guten Tag" auf Niedersorbisch. Auch Straßen- und Ortsnamen werden dort in den zwei Sprachen Deutsch und Niedersorbisch angegeben. Denn vor circa 1 400 Jahren ließen sich in der Region zwischen Ostsee und Erzgebirge mehrere slawische Stämme nieder, die ihre eigene Sprache mitbrachten, die Sorben oder Wenden. Sie selbst nennen sich Sorby oder Serbja.

Das Gebiet der Sorben gehörte im Laufe der Zeit zu unterschiedlichen Herrschaften, Königreichen oder Staaten. Sie selbst hatten keinen eigenen Staat – anders als ihre slawischen Nachbarn, die Polen oder Tschechen. Es gab auch Zeiten, in denen die Sorben ihre eigene Sprache nicht sprechen und die eigene Kultur nicht pflegen durften. Besonders unterdrückt wurden sie von den Nationalsozialisten.

Heute will man die Sprache und Kultur der Sorben schützen und unterstützen. Es gibt sogar zwei sorbische Sprachen: Obersorbisch, das in der sächsischen Oberlausitz gesprochen wird und Niedersorbisch, das man in der brandenburgischen Niederlausitz spricht, zum Beispiel in Cottbus. Weil aber nur noch wenige Menschen diese Sprachen wirklich beherrschen, gelten sie als bedroht.

In manchen Schulen oder Kitas können Kinder heute – neben Deutsch – Sorbisch lernen. Außerdem gibt es einige sorbische Zeitungen, Radio- und Fernsehsendungen. Und sogar das erste sorbische Videospiel „Krabat und das Geheimnis des Wendenkönigs". Der Zauberlehrling Krabat ist eine sorbische Sagenfigur, die durch ein Kinderbuch von Otfried Preußler bekannt wurde.

Hač do bórze! (Bis bald!)

Jüterbog – Kloster Zinna (Rundtour)

18 1000 Jahre Geschichte auf dem Fläming Skate

Start	Ziel	Länge	Fahrzeit	Schwierigkeit
Bahnhof Jüterbog	Bahnhof Jüterbog	17 km	2 Std.	● leicht

Es ist wahr: Rund 1000 Jahre Geschichte liegen am Wegesrand dieser Tour durch Wiesen, Felder und Dörfer des Fläming. Start und Ziel ist mit Jüterbog eine der ältesten Städte Brandenburgs. Das Mittelalter wird hier und heute im Mönchenkloster auch für ganz junge Menschen anschaulich erfahrbar gemacht. Und in Kloster Zinna erheben sich die malerischen Überreste der einstigen Zisterzienserabtei aus dem Grün der Umgebung, während ihr auf den breiten, bequem asphaltierten Wegen und von Obstbäumen gesäumten Wegen des Fläming Skate vorbeirollt. Am Ende winkt nicht nur ein leckeres Eis, sondern auch ein schönes Freibad.

Aus einer längst vergangenen Zeit grüßen die Türme der Nikolaikirche in Jüterbog

Infos zur Tour

An-/Rückfahrt
Bahnhof Jüterbog (RE3 von Berlin-Südkreuz, stündlich, 40 Min.)

Streckenverlauf
Bhf. Jüterbog – Neuheim – Grüna – Kloster Zinna – Jüterbog – Bhf. Jüterbog

Streckencharakteristik
Fast durchgehend auf komfortabel ausgebauten, asphaltierten Radwegen geht es abwechselnd durch Felder und Wiesen, Dörfer, Nadelwälder und die Alstadtgassen Jüterbogs. Im ersten Abschnitt wenig Schatten.

Beschilderung
Fläming Skate, größtenteils Rundkurs 3

Spielplätze
Spielmöglichkeiten in Kloster Zinna, in Jüterbog Spielecke in der Nikolaikirche und Spielplatz im Klostergarten

Baden
Freibad Jüterbog
Teichstraße 2 · 14913 Jüterbog · (0 33 72) 40 49 34 · www.jueterbog.eu · tgl. 9–13 und 14–18 Uhr
Idyllisches Kleinstadtfreibad mit großzügiger Liegewiese, kleinem Imbisswagen. Riesenrutsche, schattiges Kleinkindbecken, Beachvolleyballfeld. Spielplatz leider in der prallen Sonne.

Besichtigungen
Museum im Mönchenkloster
Mönchenkirchplatz 4 · 14913 Jüterbog · www.jueterbog.eu/museen · Di 10–17, Mi–So 13–17 Uhr · Erw. 4 €, Kinder 3,50 €, Familienkarte 12 €
Wunderschön im ehemaligen Franziskanerkloster gelegen vermittelt das Museum Einblicke in die Stadtgeschichte. Beim MitMachMittelalter schlüpfen die Kinder in Rollen aus der Vergangenheit und bekommen ihr neues Wissen sogar urkundlich bescheinigt.

Museum Kloster Zinna
Am Kloster 6 · 14913 Kloster Zinna · www.kloster-zinna.com · Di–So, Fei 10–17 Uhr · Erw. 7,50 €, Kinder 5 €
Taucht ein in den Alltag der „Weißen Mönche" von Kloster Zinna. Im Gebäude befindet sich auch die ehemalige Klosterbrennerei. Das Ticket gilt gleichzeitig für das Webermuseum.

Einkehren
Hotel-Restaurant Zum Klosterhof · Kloster Zinna
Klosterstraße 13 · 14913 Kloster Zinna · (03 3 72) 40 46 44 · www.pension-harzmann.de · Mi–So 10–20 Uhr
Gaststätte mit gutbürgerlicher Küche zu moderaten Preisen direkt bei der Klosterruine. Für Kinder Klassiker wie Schnitzel und Milchreis. Schöne Terrasse, von der man auch die spielenden Kinder im Blick behalten kann, sollten sie die Wiesen um das Kloster dafür nutzen.

Tetzelstuben Jüterbog
Heilig-Geist-Platz 2–4, 14913 Jüterbog · (0 33 72) 44 26 75 · www.tetzelstuben.de · Mo–Fr 11–14 und ab 17 Uhr, Sa/So ab 11 Uhr
Gemütliches Café und Restaurant im mittelalterlichen Ambiente, umfangreiche Karte und schöne Sonnenterasse direkt auf der alten Stadtmauer.

km 0–8,5 Vom Bahnhof Jüterbog nach Kloster Zinna

Der kürzeste Weg zum Flämingskate führt leider über Treppen. Wenn euch das nichts ausmacht, wählt nach der Ankunft am Bahnhof den Ausgang Richtung Bergstraße. Nach rechts kommt ihr über weitere Treppen auf die Bergstaße und an ihrem Ende rechts Richtung Fläming Skate. Ohne Treppen geht es über diesen kleinen Umweg: Fahrt vor dem Hauptausgang des Bahnhofs (Richtung Innenstadt) links entlang der Hauptstraße bis zur Brückenstraße, wo ihr erneut links abbiegt und über die Millionenbrücke die Gleise überquert. Nun könnt ihr der Beschilderung des Fläming Skate folgen.

Beide Wegen führen auf die Tauentzienstraße, die in einer Rechtskurve zur größeren Bülowstraße führt. Hier geht es wieder nach rechts und bald gelangt ihr über den straßenbegleitenden Radweg zu einer T-Kreuzung. Hier fahrt ihr links Richtung Kloster Zinna. Noch ein paar hundert Meter die Straße entlang, dann schert der Radweg idyllisch in die Felder ab, im Spätsommer gesäumt von etlichen Pflaumenbäumen voller Früchte.

So kommt ihr an **Neuheim** vorbei, überquert am Ortsende die Straße und folgt dem Radweg nach rechts. Der kommende Streckenabschnitt bis Grüna bietet leider wenig Schatten.

Der Weg ist leicht zu finden, immer der Ausschilderung des **Fläming Skate** nach. Elegant und ungestört umrundet ihr den Ort

Tiere sind immer interessant für Kinder

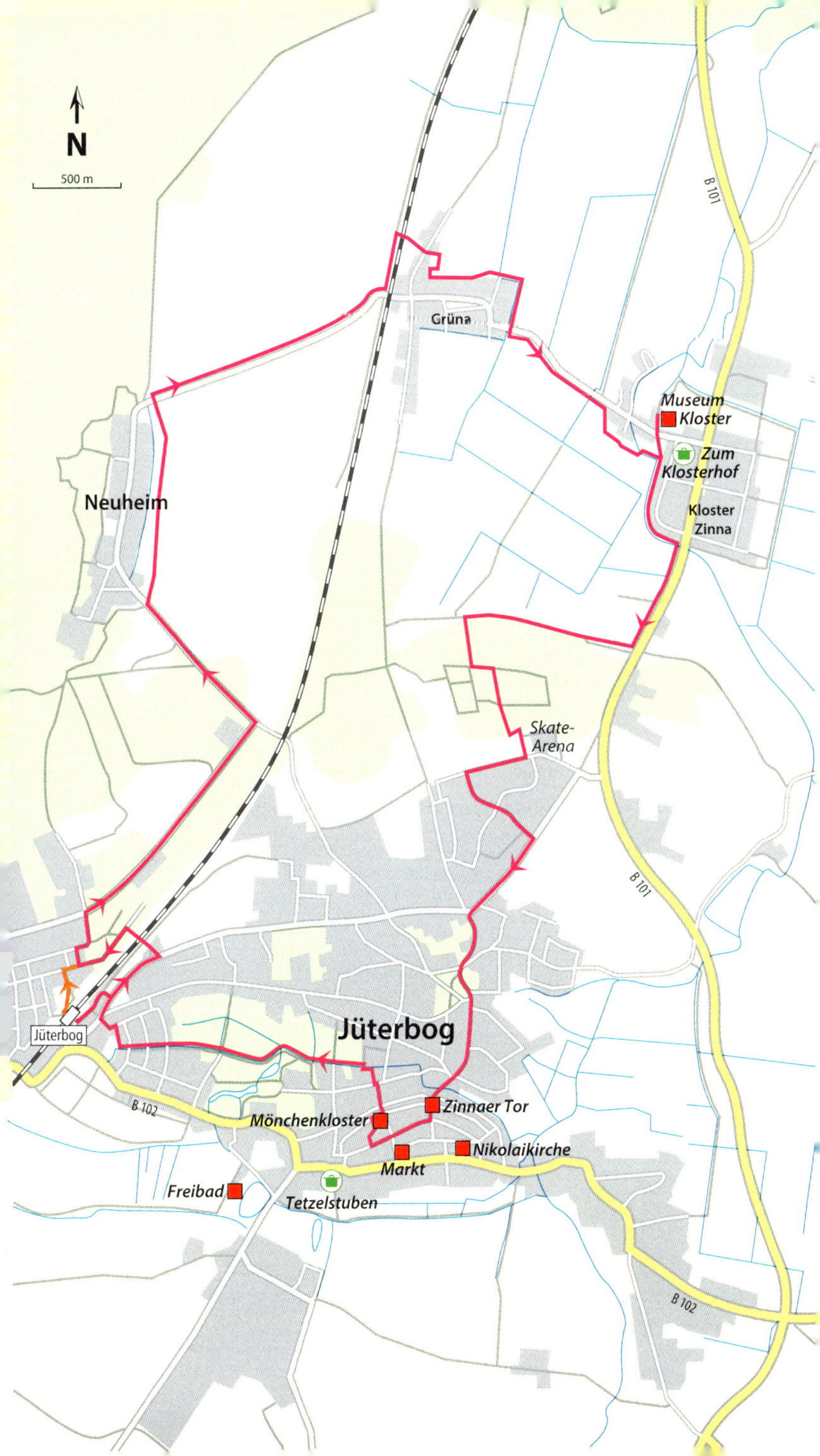
N
500 m
Grüna
Museum
Kloster
Zum
Klosterhof
Kloster
Zinna
B 101
Neuheim
Skate-
Arena
B 101
Jüterbog
Jüterbog
B 102
Zinnaer Tor
Mönchenkloster
Nikolaikirche
Markt
Freibad
Tetzelstuben
B 102

Grüna mit seiner weithin sichtbaren Backsteinkirche, vorbei an schönen, saftigen Wiesen und zwei Pferdekoppeln. Das hübsche kleine Dorf ist gar nicht so verschlafen, wie es vielleicht wirkt: in der Museumsscheune finden übers Jahr verteilt Veranstaltungen statt und im Instagram-tauglich hergerichteten Bauernhof Grüna baut eine Nutzergemeinschaft aktuell kulturelle und touristische Angebote aus.

Eure Route überquert am Ortsende wieder die Straße. Ihr folgt dem Weg bis **Kloster Zinna.** Um zur Klosterruine selbst zu kommen, bleibt ihr am Ortseingang zunächst rechts weiter auf dem Radweg und biegt nach einigen hundert Metern links ab. Der Weg führt an der Alten Stadtmühle vorbei direkt auf die **Klosterruine** zu.

Kloster Zinna

Die Abtei der Zisterzienser hatte ihre Hochzeit im 14. und 15. Jahrhundert. Heute sind nur einzelne Gebäude und Ruinen erhalten, trotzdem kann man die einstige Größe erahnen. Deutlich werden die früheren Ausmaße im Museum, das sich im ehemaligen Abtsgebäude befindet und das Klosterleben anschaulich erklärt.

Jünger ist der heutige Ort Kloster Zinna. Im 18. Jahrhundert gründete Friedrich der Große hier eine **Webersiedlung** und ließ Stoffe von hoher Qualität produzieren. Stundenlang könnte man durch die gepflasterten Gassen mit den kleinen bunten und liebevoll restaurierten Häuschen wandeln und stets neue Details entdecken – was man zunächst bei der schachbrettartigen Anlage gar nicht erwarten würde.

Wenn ihr etwas Zeit habt, lohnt sich ein längerer Spaziergang um die ganze Siedlung. Links hinter der Klosterkirche beginnt ein kleiner Weg mit Blick über die Felder und vorbei an verschiedenen **Spielgeräten,** die sich nicht nur an Kinder richten. Haltet am östlichen Ende des Dorfes gut Ausschau, denn hier gibt es ein gut einsehbares, beeindruckendes **Storchennest.**

km 8,5–14 Von Kloster Zinna in die Altstadt Jüterbogs

Zurück nach Jüterbog gelangt ihr über den Fläming Skate. Am einfachsten nehmt ihr wieder den Weg gegenüber dem Kloster. Schön schattig führt er euch in einer leichten Linkskurve zum südlichen Ortsrand. Nach rechts geht's weiter und ein kurzes Stück an der B101 entlang, bevor der Weg wieder rechts abbiegt und nun pa-

Die verbliebenen Gebäude des Klosters Zinna sind immer noch eindrucksvoll

rallel zum Waldrand verläuft. Schließlich geht es nach links in den Wald hinein und kurvig und gemütlich abfallend weiter. Hier kann man endlich die Räder mal rollen lassen! – und erreicht schließlich die sogenannte **Skate-Arena** am nördlichen Rand von Jüterbog.

Eine Schwachstelle des Fläming Skate-Netzes ist leider, dass die Strecken durch die Ortszentren oft nicht so gut ausgebaut sind wie das Netz selbst. Wir empfehlen euch daher, hier zunächst rechts dem Radweg zu folgen. Biegt kurz darauf links in die Straße Luckenwalder Berg ab und folgt ihr bis zur großen Luckenwalder Straße. Hier geht es rechts und es gibt auch wieder einen Radweg, auf dem ihr geradeaus hinunter in die Stadt sausen könnt. Leider endet er bald schon wieder hinter einer kleinen Grünfläche. Fahrt vorsichtig gerade auf der Straße (mit kleinen Kindern auf dem Gehweg) weiter. Nach rund 500 Metern passiert ihr das **Zinnaer Tor** und seid damit mitten in der Altstadt von Jüterbog.

Jüterbog

Fachwerk und Kopfsteinpflaster: schnell merkt man in den hübschen Gassen von Jüterbog, dass man sich in einer der ältesten Städte Brandenburgs mit gut erhaltener mittelalterlicher Architektur befindet. Dominant thront die gotische **Nikolaikirche** über der Stadt. Sie ist auch von geschichtlicher Bedeutung, hat doch hier Johann Tetzel mit dem nach ihm benannten Kasten vor über 500 Jahren den Ablass eingetrieben – angeblich einer der Auslöser für Martin Luthers Reformationsbestreben.

Nehmt euch die Zeit und schlendert durch die Gassen oder setzt euch in eines der Cafés, etwa am **Marktplatz** mit Blick auf das wunderschön erhaltene **Rathaus** mit Fachwerk. Einen Besuch mit Kindern lohnt das **Mönchenkloster:** für die kleinen Gäste gibt es im Gewölbekeller des Museums einen eigenen Bereich mit mittelalterlichen Verkleidungen und 16 Stationen.

Und falls ihr noch etwas Zeit habt und das Wetter passt: ab in das trotz seiner geringen Größe vielseitige **Freibad** mit Rutsche, Kleinkindbecken und den obligatorischen Pommes rot-weiß. Ihr gelangt dorthin, indem ihr geradeaus weiter der Ausschilderung des Fläming Skate und anschließend der Teichstraße folgt.

Wenn ihr kurz hinter dem Zinnaer Tor auf der Zinnaer Straße die Kreuzung erreicht habt, könnt ihr links die beeindruckende und geschichtsträchtige **Nikolaikirche** sehen. Die Kirche ist nicht nur historisch interessant und architektonisch imposant, sondern es gibt im Innenraum auch eine große Spiel- und Bastelecke für Kinder. Ihr gelangt über die Kleine Kirchgasse dorthin. Der hübsche Marktplatz mit dem historischen Rathaus dagegen liegt rechter Hand. Unsere Tour führt an der Nordseite des Marktplatzes vorbei – hier gibt es gleich mehrere Möglichkeiten das verdiente Eis zu schlecken – und ihr erreicht über die Mönchenstraße das **Mönchenkloster** auf der rechten Straßenseite.

km 14–17 **Von der Innenstadt zum Bahnhof**

Auch von der Innenstadt zum Bahnhof folgt ihr am besten der Ausschilderung des Fläming Skate. Fahrt hierfür von der Mönchenstraße kommend rechts am Mönchenkloster vorbei. Biegt kurz darauf rechts auf die Straße Am Frauenhof ein und dann gleich wieder links in die Lessingstraße. Schnell gelangt ihr an eine T-Kreuzung. Der Radweg führt auf der gegenüberliegenden Straßenseite leicht nach links versetzt geradeaus weiter durch die Grünanlage.

Nach einer Linkskurve gelangt ihr wunderschön ruhig durch einen lauschigen Park, an einem Bach entlang und mit dem Blick auf Wiesen bis zum Bahnhof. Achtet beim Queren der Straßen im Wohngebiet auf den Verkehr, auch wenn es hier meist ruhig ist.

Wie war das Leben in der mittelalterlichen Stadt?

Zwar tretet ihr heute nicht mehr in allerlei Müll oder Pferdeäpfel und es gibt zum Glück eine Kanalisation, aber viele Spuren des Mittelalters entdeckt ihr doch noch im 1000-jährigen Jüterbog.

Am Anfang gab es nur ein Dorf namens Jutriboc. Es lag auf wichtigen Fernhandelsrouten und entwickelte sich zu einem bedeutenden Handelszentrum. In der Mitte: ein Markt, die Nikolaikirche und das Rathaus, rundherum Häuser und zum Schutz eine (doppelte) Stadtmauer mit Toren. Durch das Zinnaer Tor betretet ihr die alte Stadt. Stellt euch vor, ihr seid Händler und bringt neue Waren zum Markt. Oder ihr seid Bauern auf der Flucht. Ihr wollt frei in der Stadt leben, wo kein Landherr über euer Leben das Sagen hat. Wenn er euch ein Jahr lang nicht findet, seid ihr freie Leute. Steuern müsst ihr in der Stadt zwar auch bezahlen, aber immerhin dürft ihr auch etwas eigenes besitzen.

Die Menschen in der Stadt sind dennoch nicht alle gleich. Wer nichts besitzt und keine Steuern bezahlen kann, hat keine Bürgerrechte. Frauen und Kinder haben sowieso viel weniger Rechte. Je näher am Markt jemand wohnt, desto wichtiger ist seine Position. In der Mitte wohnen Adelige und Geistliche, reiche Kaufleute und Handwerksmeister, an der Stadtmauer die Dienstboten und Arbeiter, auch Henker oder Totengräber. Außerhalb der Stadtmauern und ohne Schutz leben die Bettler.

In den Städten drohen ansteckende Krankheiten oder Brände, doch der Glaube an Gott kann Hoffnung spenden. Kein Wunder, dass es so viele Kirchen und Klöster gab. Heute könnt ihr im alten Franziskanerkloster in ein Kostüm schlüpfen und das Leben im Mittelalter nachspielen.

Beelitz-Heilstätten – Caputh

19 Wipfel und Wellen: Vom Baumkronenpfad zum Schwielowsee

Start	Ziel	Länge	Fahrzeit	Schwierigkeit
Bhf. Beelitz-Heilstätten	Bhf. Caputh-Schwielowsee	16 km	2 Std.	●/● leicht bis mittel

Es ist eine Tour der Kontraste. Hier die morbiden Ruinen der einstigen Lungenheilanstalt Beelitz, dort das anmutige alte Fischerdorf Ferch, das mit seiner malerischen Umgebung im 19. Jahrhundert eine Schar von Künstlern anzog. Wo einst Patienten ihre Tuberkulose auskurierten, befinden sich heute zwei Erholungsparks mit zwar kostenpflichtigen, aber wunderbaren Angeboten: ein Barfußpark und ein Baumkronenpfad. Die Füße im nassen Torf, den Kopf in den Wipfeln – so regeneriert man hier heute. Und dann geht es voll neuer Energie zum Schwielowsee, ins Künstlerdorf Ferch und weiter ins nicht weniger liebliche Caputh mit historischem Fähranleger und restauriertem Barockschlösschen.

Der Blick aus luftiger Höhe über die pittoreksen Ruinen ist auch ohne Fernglas grandios

Infos zur Tour

Anfahrt
Bahnhof Beelitz-Heilstätten (RE7 von Berlin Hbf, stündlich, 45 Min.)

Rückfahrt
Bahnhof Caputh-Schwielowsee (RB23 nach Potsdam Hbf, dann S1, alle 2 Std., 45 Min.;
oder RB23 nach Seddin, dann RE7, alle 2 Std., 60 Min.)

Streckenverlauf
Bhf. Beelitz-Heilstätten – Fichtenwalde (Dorfeingang) – Europaradweg – Ferch – Caputh
Variante: Man kann die Tour auch von Caputh nach Beelitz fahren, allerdings geht es dann von Ferch fast bis zur Schutzhütte leicht, aber stetig bergauf (40 Höhenmeter auf vier Kilometern).

Streckencharakteristik
Im Wald geht es angenehm bergab, es gibt aber auch kurze Abschnitte ganz ohne Schatten. Der Europaradweg und der Rundweg um die Potsdamer Havelseen sind gut ausgebaut und markiert, allerdings fahrt ihr in den Dörfern kurz auf Straßen.

Beschilderung
Europaradweg R1, danach Rund um die Potsdamer Havelseen

Spielplätze
siehe Baumkronenpfad

Baden
Strandbad Ferch & Pavillon
Dorfstraße 41a · 14548 Schwielowsee OT Ferch · (01 72) 3 93 11 82 · ab März, bei schönem Wetter tgl. 12–18 Uhr · Eintritt 3 €/1,20 € Kinder
Im Strandbad erhältlich: Kaffee und Kuchen, Eis oder kleine Speisen.

Besichtigungen
Barfußpark Beelitz-Heilstätten
Straße nach Fichtenwalde 13 · 14547 Beelitz · www.derbarfusspark.de · Mai–Okt. tgl. ab 10 Uhr · 7,50 €, Kinder (ab 4) 5,50 €
Vier verschiedene Parcours, liebevoll gestaltet im Wald, Café und Imbiss, sehr freundliches Personal. Sehr zu empfehlen besonders früh morgens oder unter der Woche (nicht so voll!).

Baumkronenpfad
wie Barfußpark · www.baumundzeit.de · Apr.–Sep. tgl. 10–19, März, Okt., Nov. tgl. 10 Uhr–Sonnenuntergang, Dez.–Feb. Do–So, Fei 10–16 Uhr. Bei schlechter Witterung geschlossen · 13,50 € / Kinder (7–17) 10 € / bis 6 Jahre und Geburtstagskinder frei / Familienkarte 22–35 €
Besonders schön im Herbst. Aussichtsturm, großer Spielplatz mit Sandsachen gleich am Restaurant mit leckeren, auch Kinder- und saisonalen Gerichten. Sehr touristisch, also Rushhour vermeiden.

Einkehren
Zum Schwälbchen · Ferch
Burgstraße 22 · 14548 Schwielowsee OT Ferch · (0 33 20) 97 14 36 · www.zum-schwalbchen.business.site · Fr–So 12–22, Mo/Di 12–15, 17–22 Uhr
Zwar nicht am Seeufer, bietet aber leckeres Essen mit großen Portionen und eine Auswahl an Kindergerichten.

km 0–1 **Vom Bahnhof zu Baumkronenpfad und Barfußpark**

Diese Tour ist wie ein kleiner Sommerurlaub. Er beginnt am Bahnhof Beelitz-Heilstätten: Folgt vom Bahngleis der Rampe zur Hauptstraße (L88) und biegt dann rechts ab. Der Radweg verläuft zuerst auf dem Gehweg, dann auf der Straße. Links ist schon das restaurierte Pförtnerhaus zu sehen – einst der Zugang zu einer geschlossenen Welt, dahinter ragt die etwas zerfallene Küche der früheren Frauenabteilung des Komplexes hervor. Gleich seid ihr an großen Parkplätzen. Überquert links die Straße zum Eingang des **Baumkronenpfads,** dort befinden sich auch die Fahrradständer. Der Eingang zum **Barfußpark** (und ein weiterer Parkplatz) liegt noch 600 Meter weiter und ist auch ausgeschildert.

Die Beelitzer Heilstätten

Wo vor hundert Jahren Patienten mit Lungenerkrankungen in architektonisch reizvollen Gebäuden mitten im Wald Heilung suchten, befinden sich heute zwei Erholungsparks mit tollen, familienfreundlichen Angeboten. Zwar sind der Barfußpark und der Baumkronenpfad beide kostenpflichtig, aber sie lohnen den Besuch durchaus.

Vom barrierefreien **Baumkronenpfad** könnt ihr nicht nur die Kronen von Tulpenbaum, Sumpf-Eichen oder Colorado-Tannen aus der Nähe betrachten, sondern auch das wild bewachsene und zerfallene Alpenhaus mit kyrillischen Schriftzeichen an der Fassade. Kinder (die keine Höhenangst haben) freuen sich hier oben eher über die Riesenhängematte und die zwei Skyboas, Drahttunnel, die sich über und unter dem Pfad entlangwinden. Der Aussichtsturm bietet einen wunderschönen Blick sowohl auf die türmchengekrönten Dächer der alten Heilanstalt, die aus dem Wald ragen, als auch über brandenburgische Wälder bis zum Berliner Fernsehturm. Eine kostenpflichtige Führung zeigt euch auch die alte Chirurgie oder führt durch verborgene Tunnel, für Kinder allerdings erst ab 14 bzw. 7 Jahren.

Der **Barfußpark** ist eine Oase für die Füße und Sinne im Schatten der Bäume. Er hat einen eigenen Eingang und erfordert eine separate Eintrittskarte. Der Weg macht eure Füße fit für die vor euch liegende Radtour. Es gibt vier verschiedene Pfade: Einer geht über Kiefernzapfen, runde Glasscherben, durch nassen Torf, im Storchenschritt durch ein Kneippbad usw. Die anderen Stre-

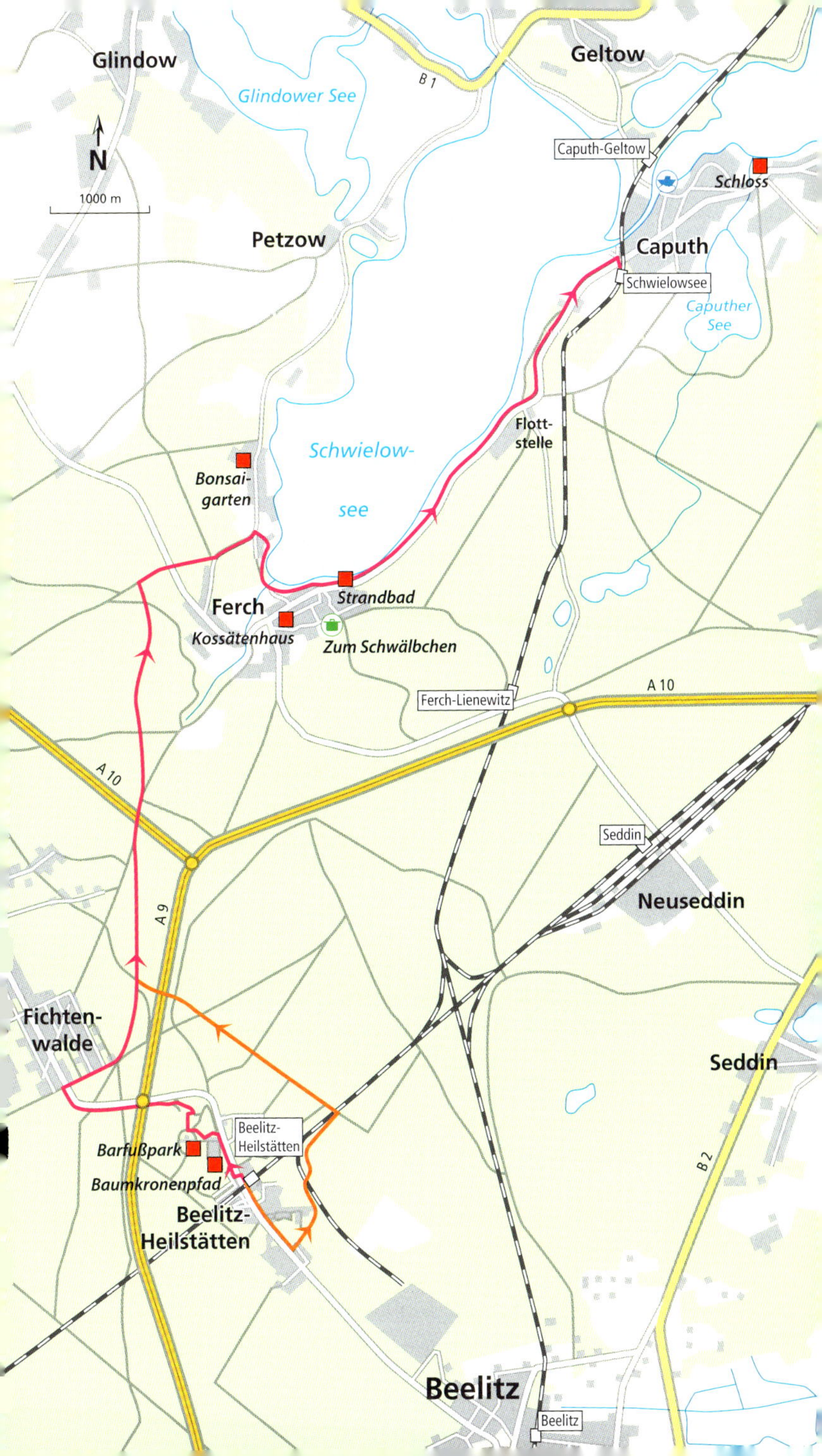

Glindow
Glindower See
B 1
Geltow
N
1000 m
Caputh-Geltow
Schloss
Petzow
Caputh
Schwielowsee
Caputher See
Flott-
stelle
Schwielow-
see
Bonsai-
garten
Strandbad
Ferch
Kossätenhaus
Zum Schwälbchen
Ferch-Lienewitz
A 10
A 10
Seddin
Neuseddin
A 9
Fichten-
walde
Seddin
Barfußpark
Baumkronenpfad
Beelitz-
Heilstätten
Beelitz-
Heilstätten
B 2
Beelitz
Beelitz

cken lauft ihr zwar auch barfuß, sie sprechen aber unterschiedliche Sinne und Empfindungen an. Insgesamt sind es 3,6 Kilometer. Nehmt euch also genug Zeit.

Variante: Sofort losradeln

km 0–5 **Vom Bahnhof auf den Radweg nach Ferch**

Wer auf den Besuch des Baumkronen- oder Barfußpfads verzichten möchte, kann vom Bahnhof aus links auf die L88 fahren und nach weniger als einem Kilometer in die Straße Finnenhaus links abbiegen. Dort stößt man auf den Europaradweg, der nach Ferch führt.

km 1–11,5 **Von Beelitz-Heilstätten zum Seeufer in Ferch**

Erfrischt vom Barfußpfad und mit Kraft in den Beinen tretet ihr jetzt in die Pedalen. Je nachdem, wo ihr eure Fahrräder geparkt habt, radelt ihr auf dem kürzesten Weg zur Hauptstraße L88 und weiter Richtung Fichtenwalde. Der asphaltierte Radweg auf der linken Straßenseite ist in beide Richtungen befahrbar. Das Autogebrumme dauert zum Glück nicht lange: gleich am Dorfeingang von **Fichtenwalde** biegt der Radweg von der Straße rechts ab.

Ihr radelt auf dem holprigen Brücker Weg zwischen kleinen Häusern mit Gärten links und dem Kiefernwald rechts. An der Kreuzung am Waldrand haltet ihr euch halb links. Der Waldweg bringt etwas Terrain in diese Tour: Er ist nicht befestigt, hat viele breite Löcher und ab und zu wird es sandig. Vielen Kindern macht das Radfahr-Hopsen dort aber Spaß.

Wenn ihr die Schutzhütte mit dem fast panoramaartigen Ausblick auf die Autobahn A9 erreicht habt, biegt links auf den asphaltierten Radweg ab. Er ist ein Teil des **Europaradwegs R1** und insofern auch gut beschildert. Auf einer Brücke überquert ihr die Autobahn A10, danach weichen die Verkehrsgeräusche bald Vogelsang und Waldesruhe. Die Fahrräder tragen euch hier leicht bergab zwischen den Bäumen hindurch.

Wenn der Radweg nach rechts abbiegt, kommt eine kleine Steigung, bevor es wieder sanft hinab geht – praktisch bis zum Schwielowsee. Der Weg wird zur Straße, ihr folgt dem Radweg, der hier wieder links verläuft. Eine stärker befahrene Straße, der Glindower Weg, mündet ein und schon tauchen die ersten Häuser von

Höhenangst? Haben nur Erwachsene ...

Ferch auf. Der Radweg führt nach links, ihr fahrt aber geradeaus – 150 Meter auf der Straße (bzw. mit Kleinkindern auf dem Gehweg). Zur Linken begrüßt euch ein Fußballer, eine tolle Holzskulptur von Bildhauer Albrecht Klink, und ihr biegt rechts in die Straße Neue Scheune ab, die sich hinab zum Seeufer schlängelt.

Ein toller Blick auf den **Schwielowsee** erwartet euch. Setzt euch auf die Bank und genießt. Oder fahrt gleich rechts auf der Uferpromenade weiter, zwischen Häusern und Villen auf der einen und Gärten am Ufer auf der anderen Seite, die manchmal mit Holzbrücken über eure Köpfe hinweg verbunden sind. Weiter geht es über die Fercher Wiesen, vorbei an einem kleinen Spielplatz und der Fercher Marina bis zum **Strandbad.** Es ist ein hübscher Ort mit einem flachen Sandstrand, wo Kinder ganz entspannt planschen oder Ballspielen können. Aber auch der Ortskern von Ferch ist sehenswert.

Ferch

Es ist kein Zufall, dass seit dem Ende des 19. Jahrhunderts viele Künstler nach Ferch gekommen sind und die Havelländische Malerkolonie gründeten. Das kleine, alte Dorf fügt sich wunderschön in die umgebende Landschaft, geprägt von Wäldern und dem Schwielowsee. Noch heute stehen vier alte Katen in der Dorfstraße, die **Fischerkirche** aus dem Jahr 1630 und das reetgedeckte **Kossätenhaus**. Hier befindet sich das **Museum der Havelländischen Malerkolonie** (www.havellaendische-malerkolonie.de · Mai–Okt. Do–So 12–16, Nov.–Apr. Sa/So 12–16 Uhr). Eine andere Sehenswürdigkeit ist der wunderschöne japanische **Bonsaigarten.** Als Ort der Ruhe und Kontemplation ist er für quirlige Kleinkinder jedoch weniger geeignet. Für sie ist es eher spannend, sich ein Konzert in der Fercher Obstkistenbühne anzuhören oder am Strand zu toben.

km 11,5–16

Von Ferch nach Caputh-Schwielowsee

Zwischen Ferch und Caputh radelt ihr auf dem Radweg **Rund um die Potsdamer Havelseen.** Vom Strandbad bis zum Ortsende, circa 150 Meter, führt der Weg auf der Straße (mit Gehweg). Kurz darauf beginnt ein getrennter Radweg für beide Richtungen auf der linken Seite. Im Schatten der Bäume fahrt ihr in Richtung **Flottstelle,** einer ehemaligen Floßstelle. Durch Bäume und Schilf öffnet sich ab und zu der Blick aufs Wasser mit Booten und Schwimmvögeln. Auf der linken Seite, hinter der Straße, erheben sich sanfte, dicht bewaldete Hügel. Nach rund 3,5 Kilometern erreicht ihr **Caputh.**

Gleich am Ortsanfang, bei der Bushaltestelle, endet der Radweg und ihr nutzt entweder die Straße (Schwielowseestraße) oder mit Kleinkindern den Gehweg. Ihr fahrt zwischen den Familienhäusern und den Sommervillen des alten Schifferdorfs entlang, das sich in einen beliebten Erholungsort verwandelt hat. Die Tour endet am **Bahnhof Caputh-Schwielowsee,** den ihr nach circa 700 Metern erreicht. Vorher könnt ihr aber noch die Caputher Sehenswürdigkeiten erkunden oder den schönen Seeblick genießen.

Caputh

Caputh schlängelt sich über mehrere Kilometer am Ufer der Havel entlang. Zu den dortigen Sehenswürdigkeiten gehört ein **Barockschloss** aus der Zeit des Großen Kurfürsten Friedrich Wilhelm, Albert **Einsteins Sommerhaus** oder die über 150 Jahre alte **Fähre.** Für Kinder bietet die App *Action Bound* eine digitale Schnitzeljagd. Wem am Ende der Tour mehr nach Ruhe am Wasser und Schiffsverkehr-Beobachten ist, der kann vor dem Bahnübergang links abbiegen und den Schienen bis zum Ufer folgen. Von der hölzernen Aussichtsplattform mit Bänken lässt sich das gemächliche Treiben auf dem Wasser schön beobachten.

Was für Ruinen verbergen sich zwischen den Baumwipfeln?

Als sich in Berlin Ende des 19. Jahrhunderts die Industrie entwickelte und viele Menschen in die Stadt zogen, um in den neuen Fabriken zu arbeiten, kam es vermehrt zu Krankheitsausbrüchen. Eine gefährliche Krankheit war die Tuberkulose. Sie ist so alt wie die Menschheit, aber erst Ende des 19. Jahrhundert wurde klar, dass sie nicht vererbt wird, sondern sich beim Husten überträgt. Nun wurde auch nach Heilmitteln gesucht. Weil es eine Lungenkrankheit war, empfahl sich eine Kur an der frischen Luft. Reiche Menschen fuhren in die Berge oder ans Meer, aber viele, vor allem die Fabrikarbeiter, konnten sich so weite Reisen nicht leisten. So entstanden 1898 die Lungenheilstätten in Beelitz: nah an der Stadt und doch mit frischer Waldluft. Denn der Kiefernwald südwestlich von Berlin ist ungefähr so groß wie 270 Fußballfelder.

Mit 60 Gebäuden war es ein riesiges und modernes Krankenhausgelände mit sehr schönen Häusern. Bis zu 1 200 Patienten fanden dort Platz und der ganze Komplex konnte sich selbst versorgen: mit Lebensmitteln aus der eigenen Fleischerei, Bäckerei oder aus der Obstplantage, Strom und Wärme erzeugte ein eigenes Kraftwerk.

Während der Kriege verwandelten sich die Heilstätten in Lazarette für verwundete Soldaten. Als die sowjetische Armee kam, baute sie dort ein Militärkrankenhaus. Sie blieb in der DDR-Zeit dort, sogar bis 1994. Dann verfielen die Gebäude nach und nach und man erzählte sich Spukgeschichten über das verlassene Krankenhaus. Bis der geheimnisvolle Ort vor einigen Jahren für den Tourismus entdeckt wurde: Heute führt der Baumwipfelpfad über das verwilderte Gelände.

Finkenkrug – Brieselang

20 Ein Sonntagsausflug wie vor hundert Jahren

Start	Ziel	Länge	Fahrzeit	Schwierigkeit
Bahnhof Finkenkrug	Bahnhof Brieselang	7 km	1 Std.	● leicht

Seit im Jahr 1850 der Bahnhof Finkenkrug an der damals neuen Strecke Berlin-Hamburg eröffnet wurde, ist der Bredower Forst ein beliebtes Ausflugsziel für Berlinerinnen und Berliner. Nicht weit von der schmutzigen und engen Großstadt entfernt ließ sich im schattigen Wald gute Luft atmen und ein wenig Natur genießen. Hier verläuft auch Deutschlands ältester Naturlehrpfad von 1930. An heißen Tagen gelangt man außerdem schnell vom Forst zum erfrischenden Nymphensee bei Brieselang. In seinem besonders sauberen Wasser und beim Gesang von vielerlei Vögeln, die am südlichen Ufer nisten, kann man herrlich baden.

Der Waldrand des Bredower Forsts wirkt direkt naturbelassen

Infos zur Tour

Anfahrt
Bahnhof Finkenkrug (RB10 und RB14 von Berlin Hbf, jeweils stündlich, 30 Min.)

Rückfahrt
Bahnhof Brieselang (RB10 oder RB14 nach Berlin Hbf, zweimal pro Std., 30 Min.)

Streckenverlauf
Finkenkrug – Bredower Forst (Naturlehrpfad) – Nymphensee – Brieselang

Streckencharakteristik
Ein kurzer Ausflug mit viel Walderlebnis und Badespaß, der meist auf Radwegen führt. Da aber auch einige Abschnitte auf Straßen verlaufen, sollten die Kinder schon Raderfahrungen haben.

Beschilderung
Radweg der Sympathie

Spielplätze
FeuRi in Finkenkrug

Baden
Waldbad & Café Nymphensee
Finkenkruger Str. 22 · 14656 Brieselang · (01 72) 3 11 93 72 · www.nymphensee-brieselang.de · Tageskarte 3,50 €, Kind 2 €, Familie ab 9 € · Badesaison: Mo–Fr 9.30–20, Sa/So 9–20.30 Uhr, sonst frei zugänglich
Nettes Waldbad mit viel Platz und sauberem Wasser, der Sandstrand ist in der Saison zeitweise bewacht. Café mit Imbiss-Klassikern wie Currywurst oder Waffeln und Sportmöglichkeiten (SUP). Außerhalb der Badesaison ist das Gelände frei zugänglich.

Einkehren
Falkenseegarten · Finkenkrug
Max-Liebermann-Straße 33
14612 Falkensee · (0 33 22) 20 84 27 · tgl. 12–22 Uhr
Zwar nicht direkt an der Strecke gelegen (dafür kann man auf dem Weg dorthin die Finkenkruger Villen bestaunen), aber ein Restaurant, das sehr leckere chinesische Küche anbietet. Das Ambiente hat eine etwas eigenwillige Ästhetik, aber das Essen schmeckt sehr gut und das Personal ist sehr freundlich. Im großen Außenbereich gibt es auch eine Spielecke (Plastikhäuschen mit einer Rutsche und Schiff).

Janny's Eis · Brieselang
Am Markt 9 · 14656 Brieselang · (0 91 76) 70 76 90 64 · www.jannys-eis.com · Apr.–Nov. tgl. 12–18 Uhr
Eis muss sein, aber auch leckere Waffeln, Kuchen, Shakes und Kaffee bekommt ihr hier, unweit des Bahnhofs Brieselang.

km 0–1,5 Vom Bahnhof zum Kugelberg

In **Finkenkrug** angekommen, fallen gleich die langen, hohen Absperrgitter mitten am Bahnsteig ins Auge. Denn hier sausen die ICEs mit Höchstgeschwindigkeit zwischen Berlin und Hamburg durch. Und genau das ist für Finkenkrug bedeutsam: Kurz nach Eröffnung der Eisenbahnstrecke Berlin-Hamburg 1846 wurde die „Sonntagsbedarfshaltestelle" Finkenkrug angelegt. Hier konnten dann die Berliner aussteigen, die einfach nur aus der Stadt raus in die Natur wollten. Bald wuchsen Villen und Straßen rundherum – der Ursprung des Orts Finkenkrug, der heutzutage zu Falkensee gehört.

Aus Berlin kommend müsst ihr die Gleise unterqueren. Es gibt eine Rampe, die auf der anderen Seite direkt auf einen Radweg führt, der bald nach rechts in die Ringstraße abbiegt bzw. auf den „Radweg der Sympathie". Zwischen Familienhäusern geht es immer geradeaus. Gleich erreicht ihr den **Spielplatz FeuRi,** eine Oase für Kinder mit einer Wasser-Matsch Ecke, einem Hügel mit Rutsche und vielen Asthäuschen und Baumstämmen zum Durchklettern. Alles schön im Baumschatten.

Der Radweg biegt am Spielplatz rechts ab und ist auch schon in Richtung Bahnhof Brieselang ausgeschildert. Bald öffnet sich der Blick über die Wiese mit den Bahngleisen im Hintergrund. Ihr

Hinter der Holzbrücke folgt der Radweg ein Stück dem Schlaggraben

Brieselang
Freibad
Nymphensee
Brieselang
Janny's Eis
Bredower
Forst
Waldheim
N
200 m
Kugelberg
Naturlehrpfad
Finkenkrug
Falkenseegarten
Finkenkrug

überquert den schmalen Schlaggraben auf einer Holzbrücke und fahrt danach links (ist alles ausgeschildert). Kurz folgt der Weg dem Schlaggraben. Vor euch liegt eine Wiese, hinter einem dichten Waldsaum aus Sträuchern und niedrigen Bäumen ragen hohe Kiefern, Birken, und Eschen empor. Ihr radelt kurz zwischen Waldrand und Bahnstrecke entlang, bevor es rein in den Wald geht. Der breite Waldweg ist nun nicht mehr asphaltiert, nach starkem Regen könnte der aufgeweichte Untergrund zu einer Herausforderung für kleine Radfahrerinnen und Radfahrer werden.

Im Schatten der Bäume geht es entspannt weiter. Immer wieder liegen umgestürzte Baumstämme im Wald, die sich für spontane Kletterpausen eignen. Links vom Radweg verläuft für ein kurzes Stück Deutschlands ältester **Naturlehrpfad,** auf dem schon 1930 Ausflügler den Bredower Forst erkundeten. Die Info-Beschilderung wirkt etwas unmodern, ein schönes Walderlebnis stört das sicher nicht. Viele Bänke am Weg laden zum Hinsetzen ein, um die Ruhe im Wald richtig genießen zu können. Der Pfad ist natürlich für Spaziergänger und nicht zum Radfahren gedacht. Wenn ihr ihm folgen wollt, steigt vom Sattel und parkt die Räder. Der offizielle Anfang ist unweit des FeuRi-Spielplatzes, da es sich aber praktisch um einen Rundweg handelt, könnt ihr auch vom Radweg aus starten. Wo auf der linken Seite ein Hügel namens **Kugelberg** auftaucht, ist eine geeignete Stelle (www.deutschlads-erster.naturpfad.info).

km 1,5–7 Vom Kugelberg nach Brieselang

Vom Kugelberg geht es geradeaus weiter auf dem Waldweg. Genießt die Ruhe und das Vogelzwitschern. Nach einem Kilometer verbindet sich der Radweg mit einer unbefestigten Straße, die von Brieselang zum örtlichen Friedhof führt. Hier können auch Autos fahren. Ihr folgt dieser breiten Straße über die Bahngleise weiter bis zum Ortseingang von Brieselang. Überquert die belebte Zeestower Chaussee (mithilfe der Verkehrsinseln auf dem Rad- und Gehweg). Um zum **Nymphensee** zu kommen, fahrt ihr hier rechts. Der Abstecher ist im Sommer „Pflicht“ und

Der Naturlehrpfad ist eher schlicht beschildert

Mit klarem Wasser, Strand und Liegewiese lockt das Strandbad am Nymphensee

die Strecke hin und zurück hier bereits eingerechnet. Denn der Nymphensee zählt zu den saubersten Seen in Brandenburg.

Falls ihr dennoch direkt zum Bahnhof wollt, geht es auf dem Forstweg geradeaus in den Ort hinein. Die Tour verkürzt sich dadurch um rund 2 Kilometer.

Abstecher zum Strandbad am Nymphensee

Der Radweg zum See ist wieder asphaltiert und führt baulich getrennt auf der linken Seite entlang der Zeestower Chaussee. Am Anfang geht es leicht bergauf und über die Bahngleise, dann kommt bald ein Kreisel mit einer Nymphen-Statue, dem Wahrzeichen von Brieselang. Noch vorm Kreisel fahrt ihr rechts über die Straße und weiter auf dem Radweg entlang eines Parkplatzes. Vielleicht schimmert schon ein bisschen Blau zwischen den Bäumen rechts hervor. Gleich zeigt ein Pfeil in Richtung **Freibad Nymphensee** – ihr müsst nur den kurzen sandigen Weg runterfahren oder laufen und gleich seid ihr am Eingang.

Jeder Baumstumpf ist ein Kletterangebot

Das Strandbad ist kostenpflichtig. Zahlen müsst ihr am Automaten, also haltet Münzen bereit. Einmal durch das Drehkreuz geschlüpft (oder durch das Tor, falls ihr auch die Fahrräder mitnehmen wollt) und schon liegt der See mit seinem schönen, klaren Wasser und von Laubbäumen umgeben vor euch. Links befinden sich der Imbiss und der Sandstrand, rechts eine lange Liegewiese. Der Zugang zum Wasser ist flach und daher sehr gut auch für kleine Kinder geeignet. An Wochenenden sind sogar ehrenamtliche Rettungsschwimmer da und passen auf. Das südliche Ufer des Sees und die beiden kleinen Inseln gehören zu einer Naturschutzzone. Hier nisten viele Vögel, Betreten verboten.

Vom See fahrt ihr denselben Weg zurück bis zu der bekannten Kreuzung. Dort biegt ihr jetzt rechts ab in den Forstweg, nach **Brieselang** hinein.

Auf dem Forstweg gibt es für 500 Meter keinen getrennten Radweg – es taucht erst wieder ein Gehweg auf, wenn ihr rechts in die Wustermarker Allee abbiegt. Hinter der Häuserzeile zur Linken befindet sich ein kleiner **Marktplatz** mit einigen Einkehrmöglichkeiten, darunter eine **Eisdiele,** die auch leckere Waffeln im Sortiment hat. Am Ende der Straße befindet sich schon der Bahnhof.

Brieselang hat zwar eine lange Geschichte, aber trotzdem war die Bahnstrecke Berlin-Hamburg auch für seine Weiterentwicklung entscheidend. 1920 eröffnete dort der Bahnhof und bald zogen viele Anwohner aus dem schmutzigen und lauten Berlin dorthin, um im Grünen (und auch billiger) zu leben. Die Gartenstadtbewegung (▸ Seite 91) kam gerade in Mode und damit auch das naturnähere Leben.

Seit wann macht man eigentlich Wochenendausflüge?

Noch nicht so lange – so viel sei schon mal verraten! Zwar gab es schon immer Menschen, die reisten: Händler überquerten mit ihren Waren lange Strecken. Abenteurer und Missionare brachen in unbekannte Länder auf. Reisen durch Europa gehörten zur Bildung von jungen Adeligen und religiöse Menschen pilgerten zu heiligen Orten. Aber dass Menschen wie heute in Urlaub fahren oder am Wochenende ins Grüne – das kam erst viel später.

Ein Interesse an der Natur als Ort der Inspiration und Erholung entstand erst Ende des 18. Jahrhunderts in der Epoche der Romantik. Man begeisterte sich damals für Gefühle, Mythen, Märchen und auch für die (wilde) Natur, die einen beeindrucken oder glücklich machen kann. Viele fingen nun an zu wandern, um die Natur zu erleben, oder historische Orte zu besuchen. Mit der Entwicklung schneller Verkehrsmittel wie Dampfschiff oder Eisenbahn war Reisen auch viel leichter geworden. Aber immer noch konnten nur wohlhabende Menschen reisen. Arbeiterinnen und Arbeiter hatten dafür gar keine Zeit. Erst ab Ende des 19. Jahrhunderts gab es freie Sonntage! Und an denen erholte man sich nun gern in der näheren Umgebung im Grünen.

Es wurde üblich, dass die ganze Familie in Sonntagskleidern aus der Stadt hinausfuhr, um einen Spaziergang durch den Wald zu machen und dann eine Ausflugsgaststätte zu besuchen. Der Bredower Forst gehörte zu den Lieblingszielen und schon 1777 eröffnete das Ausflugslokal „Alter Finkenkrug“, das leider abgebrannt ist. 1850 kam die Eisenbahn und die Sonntagsbedarfshaltestelle Finkenkrug – extra für die Sonntagsausflügler.

Nauen – Ribbeck und zurück (oder nach Paulinenaue)

21 Zu Besuch bei Herrn von Ribbeck im Havelland

Start	Ziel	Länge	Fahrzeit	Schwierigkeit
Bahnhof Nauen	Bhf. Nauen (Bhf. Paulinenaue)	20 km (17 km)	2 Std.	● leicht

Diese angenehme und hübsche Strecke durch weite, offene Landschaften auf dem Havellandradweg lässt sich wunderbar auch mit kleineren Kindern fahren, da der Weg durchgehend auf einer eigenen Trasse verläuft. Vorbei an grünen Wiesen und von Hecken gesäumten Feldern ist das hübsche und beliebte Dorf Ribbeck mit vielfältigen Einkehrmöglichkeiten, Schloss und Museum euer Ziel. Außerdem bietet sich die Altstadt des mittelalterlich geprägten Nauen vor oder nach der Tour für einen Abstecher an. Wenn ihr nicht auf derselben Route zurückfahren möchtet, könnt ihr auch weiter zum etwas näher gelegenen Bahnhof Paulinenaue radeln – dieser Abschnitt verläuft allerdings auf einer Landstraße.

Eingang zum Birnengarten in Ribbeck

Infos zur Tour

Anfahrt/Rückfahrt

Bahnhof Nauen (RE2, RB14, RB20, dreimal pro Stunde, 30 Min. ab Berlin Hbf)

Rückfahrt Variante

Bahnhof Paulinenaue (RE2, stündlich, 40 Min. bis Berlin Hbf)

Streckenverlauf

Nauen – Lietzow – Ribbeck – Nauen oder Paulinenaue (Variante)

Streckencharakteristik

Diese Tour verläuft – bis auf Teile der Variante – durchgehend auf geteerten Radwegen oder Fahrradstraßen. Auf einem kurzen Abschnitt vor Ribbeck ist der Weg relativ schmal.

Beschilderung

Havellandradweg

Besichtigungen

Kinderbauernhof Marienhof

Am Marienhof 1 · 14641 Marienhof · (03 32 37) 8 88 91 · www.marienhof-ribbeck.de · ganzjährig geöffnet ab 11 Uhr · geringer Eintritt

Kälber, Esel, Schweine, Ziegen, Hühner: hier können Kinder typische Bauernhoftiere nah erleben. Daneben gibt es Möglichkeiten zum Ponyreiten oder Traktorfahren oder man kann Stockbrot am Lagerfeuer machen. Auch ein Hofladen und eine Einkehr sind vorhanden.

Einkehren

Café Alte Schule · Ribbeck

Am Birnbaum 3 · 14641 Ribbeck · (03 32 37) 8 54 58 · www.alteschule-ribbeck.de · täglich 10–17 Uhr

Man sitzt hier angenehm schattig unter den Bäumen direkt am Gutsanger. Größere Kinder können von hier aus selbstständig unterwegs sein und zum Beispiel den Pfarrgarten erkunden – wobei sie sogar hier auf Autos achten sollten. Das Café bietet neben Getränken leckeren Kuchen, eine ordentliche Frühstücksauswahl sowie kleine Mittagsgerichte.

Brot und Wein Restaurant · Nauen

Berliner Straße 1–2 · 14641 Nauen · (01 76) 30 11 47 20 · www.brotundweinrestaurant.de · Di–Sa 11–22 Uhr

Gemütlich eingerichtetes Restaurant in der Nähe des Rathauses, das polnische Küche wie Pelmeni und Nalesniki (Pfannkuchen) anbietet, aber auch eine breite Auswahl anderer Gerichte wie Burger und Schnitzel sowie Desserts. Es gibt auch einen kleinen Außenbereich zum Sitzen.

Nauen

Mit 14 Ortsteilen und 18 000 Einwohnern ist Nauen zwar eine Kleinstadt, aber doch auch ein bedeutender Anziehungspunkt im Havelland. Gut erhalten ist die historische Altstadt mit etlichen Gebäuden aus dem 15. bis 20 Jahrhundert. Hübsch sind die evangelische **Kirche St. Jacobi,** ursprünglich ein Bau der Backsteingotik, und der dazugehörige Platz, einladend die anliegenden Gassen wie die Goethestraße oder die Marktstraße. Auch wenn die kalte Jahreszeit nicht gerade zum Radfahren geeignet ist, lohnt ein Besuch der Stadt besonders zur Nauener Hofweihnacht am dritten Adventswochenende. Über die ganze Altstadt verteilt gibt es in sonst verborgenen Hinterhöfen und alten Gebäuden Stände mit Kunstgewerbe, Getränken, Leckereien und Live-Musik.

km 0–4 Vom Bahnhof Nauen nach Lietzow

In Nauen angekommen fahrt ihr vor dem Bahnhof rechts weiter zum Kreisverkehr auf der Hauptstraße (Dammstraße). Mit Kindern überquert ihr die Straße am besten unterhalb des Kreisverkehrs (schiebend) am Zebrastreifen und biegt auf der anderen Straßenseite links ab. Falls ihr die mittelalterliche **Nauener Altstadt** mit ihren kleinen, bunten Häuschen, den niedlichen Gassen und dem hübschen Martin-Luther-Platz an der Kirche St. Jacobi anschauen möchtet, fahrt ihr hier geradeaus ins Zentrum. Ansonsten ist schon nach etwa 150 Metern der **Havellandradweg** in Richtung Ribbeck nach rechts ausgeschildert. Folgt hier dem anschließenden Straßenverlauf in eine langgezogene Rechtskurve, dahinter biegt der Havellandradweg links in eine Fahrradstraße ab.

Beschauliches Nauen

Angenehm rollt ihr zwischen Gartengrundstücken, Wiesen und Hecken entlang. Die Kinder können endlich

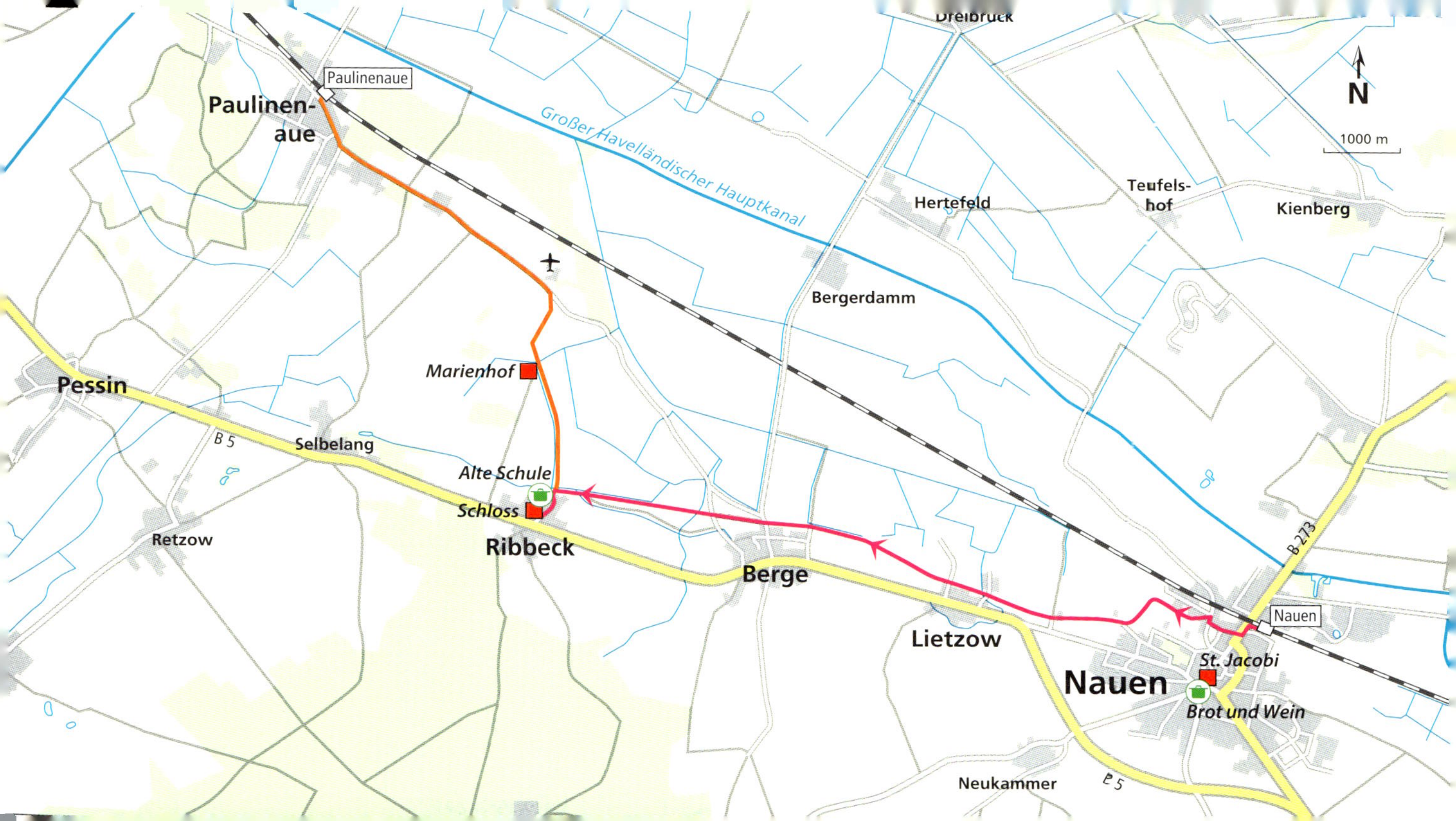
N
1000 m
Paulinenaue
Paulinen-
aue
Großer Havelländischer Hauptkanal
Hertefeld
Teufels-
hof
Kienberg
Bergerdamm
Marienhof
Pessin
B 5
Selbelang
Alte Schule
Schloss
Retzow
Ribbeck
Berge
B 273
Nauen
Lietzow
St. Jacobi
Nauen
Brot und Wein
Neukammer
B 5

einmal ungestört in die Pedale treten. So gelangt ihr nach einiger Zeit zu den Pferdeweiden am Rand des kleinen Örtchens **Lietzow.** Hier findet ihr auch einen kleinen Rastplatz, an dem ihr pausieren könnt, bevor ihr weiterradelt.

km 4–10 **Von Lietzow nach Ribbeck**

Der Weg nach Ribbeck führt einfach geradeaus. Ihr müsst lediglich einige Straßen überqueren, darunter die Landstraße L173. Kurz hinter **Berge** wird der Radweg relativ schmal, mit einem Fahrradanhänger bei Gegenverkehr wird es herausfordernd, doch ist diese Engstelle keinen Kilometer lang.

Dann seht ihr schon **Ribbeck** vor euch. An der Straße biegt ihr links ab und seid schon am Ortseingang mit Parkplatz und einem schönen Spielplatz. Die Straße führt weiter direkt zur Ortsmitte mit dem Schloss, ihr könnt aber auch von hier aus auf dem Fußweg durch den **Birnenpark** ins Dorfzentrum gelangen.

Ribbeck

Idylle pur empfängt einen bei der Einfahrt in das kleine Dorf, das bereits 1375 erstmals als Rittergut erwähnt wurde. Bekannt wurde der Ort durch Theodor Fontanes Gedicht „Herr von Ribbeck auf Ribbeck im Havelland“. Der darin beschriebene legendäre **Birnbaum** fiel 1911 einem Sturm zum Opfer. Nachdem ein in den 1970er-Jahren gepflanzter Nachfolgerbaum nicht die gewünschten Früchte trug, pflanzte man im Jahr 2000 neben der Dorfkirche erneut einen Birnbaum. Als beliebter Ausflugsort besitzt das Dorf heute mehrere herausgeputzte Einkehrmöglichkeiten. Vom Pfarrhaus aus werden immer wieder interessante Themenführungen angeboten und das kleine **Theodor-Fontane-Museum** im edlen, neubarocken **Schloss Ribbeck** (Mi–So 11–16 Uhr) bietet einen Überblick über Leben und Wirken des Literaten in der Region.

Entspannt auf dem Havellandradweg

Schloss Ribbeck: eines von vielen havelländischen Schlössern und Gutshäusern

Rückfahrt nach Nauen **km 10–20**

Ihr verlasst das Dorf wieder in die Richtung, aus der ihr gekommen seid. Mit Anfängern auf dem Fahrrad empfehlen wir euch, dieselbe angenehm ruhige Strecke auf dem Havellandradweg zurück nach Nauen zu fahren.

Abstecher zum Marienhof

Etwa zwei Kilometer nördlich von Ribbeck liegt der **Kinderbauernhof Marienhof.** Hier leben Esel, Hühner, Schweine und andere Tiere, Traktorfahrten und Stockbrot am Lagerfeuer sind auch im Angebot. Ihr gelangt dorthin, indem ihr, statt rechts in Richtung Nauen abzubiegen, der kleinen Straße geradeaus folgt. Der Kinderbauernhof liegt auch an der Strecke nach Paulinenaue (siehe Variante).

Nicht nur Birnenkompott: Selbst-Eingewecktes im Straßenverkauf in Ribbeck

Variante: Nach Paulinenaue

km 10–17 **Von Ribbeck nach Paulinenaue**

Wenn ihr nicht den gleichen Weg zurückradeln wollt, könnt ihr den Havellandradweg bis zum nächsten Bahnhof weiterfahren – nach Paulinenaue. Allerdings müsst ihr wissen, dass die letzten 4 Kilometer dieser Strecke auf einer – unser Meinung nach – doch relativ stark befahrenen Landstraße gefahren werden müssen. In Paulinenaue eröffnete 2021 beim Bahnhof das indische **Restaurant Apne** (tgl. außer Mo), sodass ihr hier sogar noch einkehren könntet.

Der Weg nach Paulinenaue führt euch von Schloss Ribbeck zurück zum Ortseingang und weiter geradeaus. Nach zwei Kilometern kommt ihr zum Kinderbauernhof Marienhof. Von hier aus sind es noch etwa zehn Minuten bis zur Landstraße. Dort geht es links bis nach **Paulinenaue.** Der Bahnhof liegt im Ort rechts von euch.

Wer war Herr von Ribbeck?

Herr von Ribbeck auf Ribbeck im Havelland, Ein Birnbaum in seinem Garten stand … So beginnt ein Gedicht, das den Ort Ribbeck und seinen Landsherren weit über Brandenburg hinaus bekannt machte. Es erzählt vom großzügigen Herrn von Ribbeck, der Kindern gerne die Früchte von seinem Birnbaum schenkte und sich wünschte, nach seinem Tod zusammen mit einer Birne begraben zu werden. Jahre später wuchs auf seinem Grab dann ein Birnbaum – und so beschenkte er weiter die Dorfkinder.

Man vermutet, dass es Hans-Georg von Ribbeck (1689–1759) war, auf den die schöne Geschichte zurückgeht. Er lebte vor rund 300 Jahren in einem Vorgängerbau des Ribbecker Schlosses. Und auch den Birnbaum gab es wirklich. 1911 fiel er einem Sturm zum Opfer. Sein Stumpf wird in der Dorfkirche aufbewahrt und ein neuer Birnbaum wurde gepflanzt.

Und wer hat diesen Baum mit seinem Gedicht so berühmt gemacht? Es war Theodor Fontane, ein bedeutender Schriftsteller im 19. Jahrhundert, der realistisch – also möglichst nahe an der Wirklichkeit – über die Gesellschaft schrieb. Eigentlich war er Apotheker von Beruf, aber er wollte lieber Gedichte und Bücher schreiben. Er arbeitete auch als Kritiker und als Journalist in London. Bei einer Reise durch Schottland begeisterte ihn die dortige Natur, gleichzeitig erinnerte sie ihn an seine Heimat Brandenburg. Nach seiner Rückkehr fing er an, durch das Berliner Umland zu wandern. Er unterhielt sich mit den Menschen dort und schrieb darüber. In vielen Orten, die ihr während der Radtouren in diesem Buch besucht, ist Fontane vor ungefähr 150 Jahren auch gewesen und hat darüber geschrieben.

Dannenwalde – Gut Zernikow (oder weiter nach Rheinsberg)

22 Wo Raupe Nimmersatts hungrige Verwandtschaft lebte

Start	Ziel	Länge	Fahrzeit	Schwierigkeit
Bhf. Dannenwalde	Bhf. Dannenwalde (Bhf. Rheinsberg)	16 km (25 km)	2,5 Std. (5 Std.)	● leicht (● herausfordernd)

Diese Tour bietet zwei Varianten mit sehr unterschiedlichen Anforderungen. Für Anfänger geht es wunderbar abwechslungsreich durch Alleen, vorbei an Seen, Feldern und durch dichte Wälder leicht hügelig zum altehrwürdigen Gut Zernikow. Die Route führt über ruhige Nebenstraßen und Radwege – der Rückweg erfolgt auf demselben Weg. Ambitioniertere fahren weiter bis Rheinsberg auf einem der „bergigsten" Abschnitte, die Brandenburg zu bieten hat. Unterwegs kann man sich aber herrlich im See abkühlen und am Ende gibt es zur Belohnung Kultur für die Erwachsenen und außergewöhnliche Eissorten für den Nachwuchs.

Auf den schönen Alleen vor Zernikow stört kein Verkehr

Infos zur Tour

Anfahrt/Rückfahrt
Bahnhof Dannenwalde (RE5, alle 2 Std., ca. 45 Min. von Berlin-Gesundbrunnen)

Variante Rückfahrt
Bahnhof Rheinsberg (alle 2 Std. mit RB54 nach Löwenberg (Mark), weiter mit RB12 nach Berlin-Ostkreuz, ca. 60 Min. Durchgehende Züge nach Berlin-Gesundbrunnen nur abends ▸ www.vbb.de)

Streckenverlauf
Dannenwalde – Seilershof – Zernikow (– Menz – Rheinsberg)

Streckencharakteristik
Bis Zernikow durchgehend geteerte, ruhige Wege durch Wiesen und Wälder. Nur auf kurzen Abschnitten vereinzelt Autoverkehr. Variante nach Rheinsberg fast durchgehend auf baulich getrennten Radwegen, ab Menz herausfordernde Steigungen.

Beschilderung
Gut markierter Radweg

Spielplätze
Am Kleinen Wentowsee in Seilershof, auf dem Friedensplatz in Menz, in Zernikow

Baden
Badestellen
Am Kleinen Wentowsee, am Roofensee, am Breutzensee

Badestrand im Hafendorf Rheinsberg
Uferstraße 83 · 16831 Rheinsberg · Eintritt frei
Sandstrand am Rheinsberger See, nur 10 Fahrradminuten von der Innenstadt. Spielplatz mit Piratenboot, Beachvolleyballfeld, das Bistro am Kai sichert die Versorgung. Ihr könnt die nahegelegenen Toiletten im Gästehafen nutzen. Näher liegt das **Seebad Rheinsberg** (Reuterpromenade 7), das jedoch nur an einzelnen Wochenenden im Sommer geöffnet ist (Stand Sommer 2021).

Besichtigungen
NaturParkHaus Stechlin
Kirchstraße 4 · 16775 Stechlin OT Menz · www.naturparkhaus.de · Mai–Sep. tgl. bis 17 Uhr, Okt.–Apr. bis 16 Uhr · Erw. 5 €, Kinder (ab 6) 2 €, Familie 10 €
Ansprechend gestaltete, interaktive Ausstellung über lokale Flora und Fauna, die auch bei Kindern Interesse weckt. Schön: der Sinnesgarten.

Einkehren
Crêperie Bric à Brac auf Gut Zernikow
Zernikower Str. 43 · 16775 Zernikow · (01 74) 4 62 92 40 · www.creperie-bric-a-brac.de · Mai–Sep. Sa/So ab 12, Juli/Aug. Mi–So ab 12 Uhr
Originelles französisches Café, hausgemachte Kuchen und kleine warme Speisen wie Quiche und natürlich Crêpes. Spielecke, Wickelmöglichkeit und draußen viel Platz zum Toben.

Grünzeug's Veggie Bar · Rheinsberg
Mühlenstraße 12 · 16831 Rheinsberg · (01 63) 8 71 91 67 · Di–Sa 12–19 Uhr
Sympathisches vegetarisches Bistro mit Blick auf Schloss oder Marktplatz. Es gibt Instagram-tauglich präsentierte Burger, Suppen, Pommes. Kleine Kinderspielecke drinnen.

km 0–1,5 **Von Dannenwalde bis Seilershof**

Von Berlin kommend verlasst ihr den Bahnsteig entgegen der Fahrtrichtung und gelangt vor dem Bahnhofsgebäude auf einen einladenden, schattigen Platz. (Von Norden kommend müsstet ihr zunächst am Bahnübergang die Schienen überqueren.) Unsere Route folgt größtenteils dem Polzowradweg. Dieser ist zwar nicht durchgehend markiert, aber auf dem Bahnhofsvorplatz findet ihr einen Übersichtsplan.

Startet eure Tour, indem ihr den Bahnhofsweg hinunterfahrt, die kleine Allee, die diagonal vom Bahnhofsgebäude weg zur Hauptstraße führt. Auf der Wiese links von euch wurde ein spannender **Barfußpfad** angelegt. Die rund 750 Meter lange Strecke ist in 20 verschiedene thematische Stationen gegliedert, die „Interessantes für Köpfe und Füße" versprechen, das heißt, Gesundheits- und Umweltthemen vermitteln. Solcherart ist dieser Barfußpfad einzigartig in Deutschland (www.barfusspfad-dannenwalde.de). Unter den Bäumen hinter der Wiese findet sich auch noch ein kleiner Spielplatz.

Kurz vor der Bundesstraße gibt es rechts einen auf Wildfleisch und lokale Produkte spezialisierten **Hofladen und Imbiss,** der Mittwoch bis Sonntag, im Sommer täglich, von 9 bis 17 Uhr geöffnet ist (www.richards-wild.de).

Balanceakt auf dem Barfußpfad am Bahnhof Dannenwalde

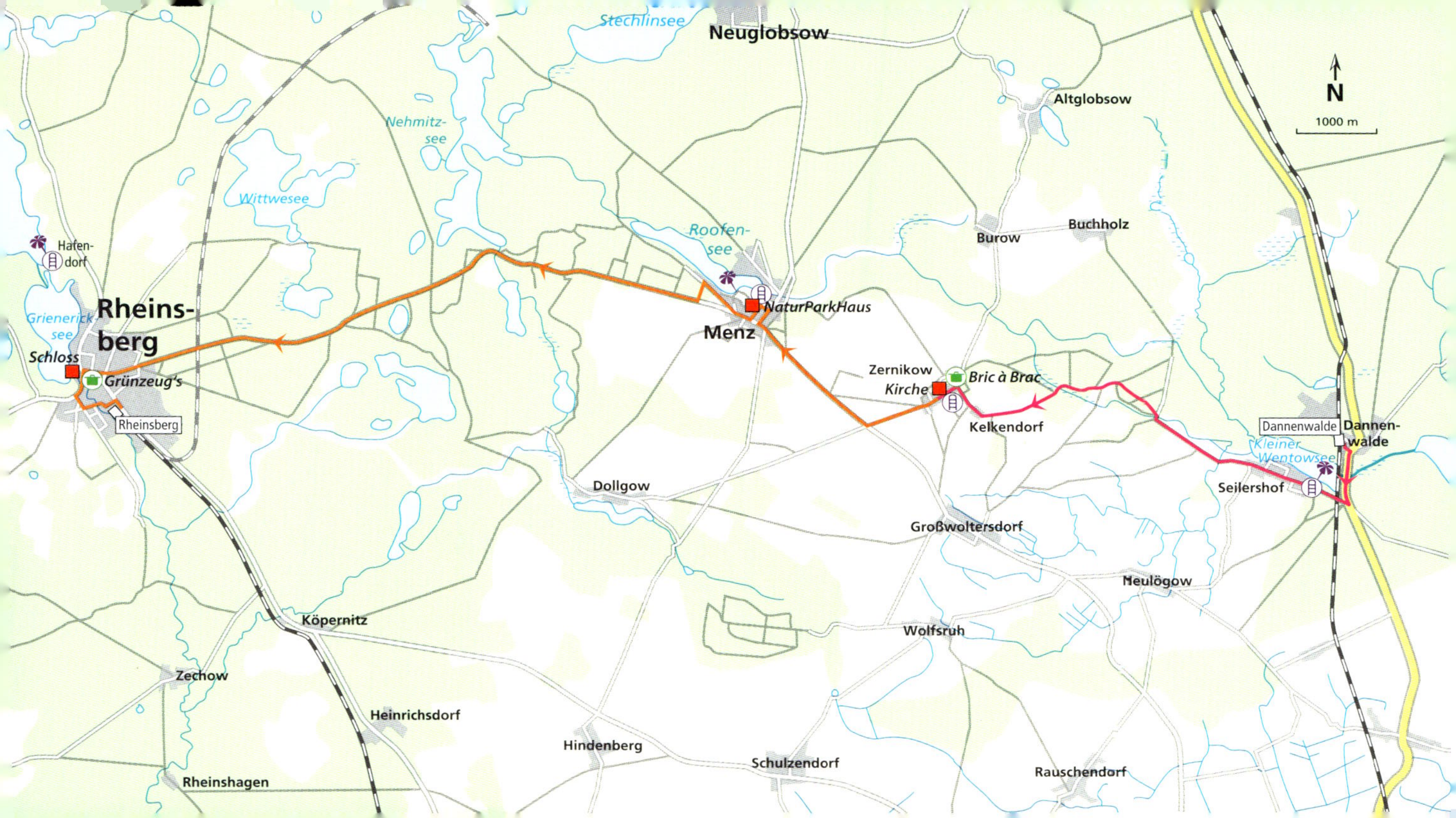
N
1000 m
Stechlinsee
Neuglobsow
Altglobsow
Nehmitz-
see
Wittwesee
Buchholz
Burow
Roofen-
see
NaturParkHaus
Menz
Hafen-
dorf
Grienerick-
see
Rheins-
berg
Schloss
Grünzeug's
Rheinsberg
Zernikow
Bric à Brac
Kirche
Kelkendorf
Dannenwalde
Dannen-
walde
Kleiner
Wentowsee
Seilershof
Dollgow
Großwoltersdorf
Neulögow
Köpernitz
Wolfsruh
Zechow
Heinrichsdorf
Hindenberg
Schulzendorf
Rauschendorf
Rheinshagen

An der Bundesstraße fahrt ihr nach rechts auf dem Rad-/Fußweg in Richtung Süden. Hinter dem **Denkmal** für die Königin Luise biegt ihr rechts ab in Richtung Seilershof. Ihr überquert die Schienen und müsst hier leider ein kurzes Stück auf der Straße fahren. Doch schon seid ihr im kleinen Straßendorf **Seilershof,** hübsch gelegen am **Kleinen Wentowsee.** Ihr findet am Ortseingang rechts, neben dem Campingplatz mit kleinem Kiosk (täglich 9–20 Uhr), einen **Spielplatz, eine Bademöglichkeit** und eine Wiese zum Picknicken.

km 1,5–8 **Von Seilershof bis Zernikow**

Die Route führt weiter entlang der Straße durch den Ort, vorbei an der Abzweigung nach Neulögow, und folgt dem Radweg in Richtung Zernikow. Idyllisch geht es an Feldern entlang und immer wieder gesäumt von Bäumen durch die hügelige Landschaft. Aber Vorsicht: Auch auf dieser ruhigen Nebenstraße fahren manchmal Autos.

Nach etwa 20 Minuten führt der Weg in einer Rechtskurve über einen Bach. Biegt direkt anschließend links in die Fahrradstraße ein – es geht weiter durch den Wald. Auf diesem Abschnitt gibt es normalerweise keinen motorisierten Verkehr (uns ist hier trotzdem ein einziges – und nicht langsames – Auto begegnet). Nach etwa 5 Minuten bietet sich eine Lichtung an den Uferwiesen als natürlicher Rastplatz an – allerdings gibt es hier saisonal viele Mücken.

Folgt der Fahrradstraße weiter quer über die Lichtung in den Wald. Bald darauf führt sie als hübsche Allee weiter über die Felder zum kleinen Ort **Kelkendorf.** Durchquert den Ort und fahrt auf der Straße weiter nach **Zernikow,** direkt auf das Gutshaus zu.

Zernikow

Gut Zernikow mit dem zweigeschössigen Gutshaus aus dem 18. Jahrhundert prägt diesen idyllischen, auch bei Berlinflüchtigen beliebten Ort. In die individuell renovierten Stallungen hat sich unlängst die sympathische **Creperie Bric-à-Brac** eingenistet.

Nach rechts führt Richtung Burow die alte **Maulbeerallee** (▸ Seite 189), während die Hauptstraße links durch das Dorf führt. Auf der rechten Straßenseite, gegenüber einem kleinen **Spiel- und Basketballplatz**, liegt die Dorfkirche mit idyllischem Garten. Diese hübsche, alte **Wehrkirche** zeugt von der langen Geschichte des 1365 zum ersten Mal urkundlich erwähnten Ortes, an dem sich über die Jahrhunderte die Adelsgeschlechter die

Es grünt so grün vor Zernikow

Klinke in die Hand gaben. Sie wurde ursprünglich im 13. Jahrhundert aus Feldsteinen konstruiert und im Innenraum seit dem letzten Umbau im 18. Jahrhundert nicht wesentlich verändert.

Von Zernikow zurück zum Bahnhof Dannenwalde **km 8–16**

Für die kurze Variante empfehlen wir euch, auf dem gleichen Weg wieder zurück zum Bahnhof Dannenwalde zu fahren. Denkt daran, dass der Zug hier nur alle zwei Stunden hält. Im Zweifelsfall könnt ihr die Zeit vielleicht am Kleinen Wentowsee überbrücken.

Anspruchsvollere Variante: Über Menz nach Rheinsberg

Von Zernikow nach Menz **km 8–12**

Weiter in Richtung Menz geht es links durch den Ort an der Kirche vorbei und leicht bergan. Ihr folgt nun entweder dieser Nebenstraße für einige hundert Meter bis zur Landstraße nach Menz, wo ihr rechts den straßenbegleitenden Radweg nehmt, oder ihr biegt direkt am Ortausgang von Zernikow halb rechts in eine idyllische Buchenallee ab. Die Strecke führt wunderschön geradeaus durch die Felder, ist aber etwas holprig. Nach 1,5 Kilometern stoßt ihr dann auch auf die Landstraße.

Kurz darauf empfängt euch die Gemeinde **Menz** mit weitläufigen Höfen. Direkt vor dem Ortseingang steht auf der rechten Seite ein altes Bahnhofsgebäude mit einer Info-Tafel über die stillgelegte Zugstrecke (zwischen 1930 und 1945 verband hier die Stechlinseebahn die Orte Gransee und Neuglobsow).

Folgt einfach der Berliner Straße geradeaus in den Ort hinein. Für einige hundert Meter gibt es keinen Fuß- oder Radweg. An der nächsten größeren Kreuzung biegt ihr rechts in die Lindenstraße ein und gelangt so zum **Friedensplatz** mit Schatten spendenden Bäumen, einem naturnahen **Spielplatz** und dem **NaturParkHaus.**

Auch zum **Roofensee** ist es nicht weit: Am Spielplatz vorbei führt als Verlängerung der Straße ein Pfad zu einer wunderschönen Badestelle mit Picknickbank, auf der man auch in der kalten Jahreszeit entspannen kann.

Menz

Die Gemeinde Menz gehört heute zu Stechlin. Das Dorfbild ist geprägt vom Friedensplatz im Zentrum, der Feldsteinkirche von 1585 und dem nahen Roofensee. Für Familien hat der Ort vielfältige Angebote: Auf dem Friedensplatz findet ihr einen schönen, aus Holz konstruierten Spielplatz. Links daneben könnt ihr im NaturParkHaus Stechlin, das auch im Winter täglich geöffnet hat, eine außergewöhnliche, für Kinder als spannende Suche konzipierte Erlebnisausstellung über die lokale Flora und Fauna besuchen. Der schöne Garten lässt sich mit allen Sinnen erkunden und genießen: Kräuter, Sträucher und andere Pflanzen laden zum Schmecken, Riechen, Fühlen und auch Hören ein.

km 12–24 Von Menz nach Rheinsberg

Wenn ihr euch für die Weiterfahrt entschlossen habt, liegt noch eine herausfordernde Etappe mit einigen Steigungen vor euch. Der Radweg verläuft durch abwechslungsreiche Landschaft mit dichten Wäldern, saftigen Wiesen und idyllischen Seen, allerdings fast durchgehend parallel zur Straße, wenn auch baulich getrennt.

Fahrt zurück zur Hauptstraße und folgt ihr aus dem Ort heraus, bis euch gleich die Beschilderung nach halb rechts in den Wald führt. Ihr kommt nun an einer neuen Ferienhaussiedlung vorbei, an deren Ende verwunschen das **Waldstübchen** am Roofensee liegt, wie das Hexenhäuschen bei Hänsel und Gretel.

Hier biegt ihr links ab und gelangt so wieder auf die Hauptstraße, der ihr nach rechts auf dem Radweg folgt. Der Weg ist nun leicht zu finden, dabei quert die Streckenführung insgesamt zwei Mal die Straße. Gebt an den steilen Stellen acht, ob die Anfänger auf zwei Rädern gut mitkommen.

Nach knapp drei Kilometern gelangt ihr an eine Steigung an deren Ende die Straße eine scharfe Linkskurve macht. Hier liegt rechts, etwas versteckt im Wald, der ruhige **Breutzensee.** Ihr kommt hin, indem ihr zu Beginn der Steigung (vorsichtig) die Straße quert und gegenüber den kleinen Pfad in den Wald nehmt. Wunderbar eignen sich die umgesägten Bäume am schilfbewachsenen Ufer für eine Pause. Auch die lokale Einwohnerschaft nutzt diese Ecke gerne für ein kurzes, erfrischendes Bad, und zwar – so haben wir uns sagen lassen – zu allen Jahreszeiten. Allerdings ist der Einstieg relativ steil.

Weitere sechs Kilometer geht es über Berg und Tal meist schattig bis zum Ortseingang von Rheinsberg. Noch einmal müsst ihr auf diesem Abschnitt die Straße überqueren. Nach zwei Dritteln der Strecke habt ihr im Biergarten **Waldschänke** rechts der Straße die Möglichkeit, bei Eis und kalten Getränken mitten im Wald zu sitzen und neue Energie zu tanken. Wenn ihr die Schienen der stillgelegten Nebenstrecke zum ehemaligen Kernkraftwerk Rheinsberg – das sich bereits seit 1995 im Rückbau befindet – überquert, seid ihr fast am Ziel.

Bade- und Raststelle am Roofensee in Menz

Auf Höhe des Stadions des Fußballclubs FSV Blau-Weiß 90 erreicht ihr die Stadt **Rheinsberg.** Folgt geradeaus der Straße, die schon bald von einem Radweg begleitet wird. Ihr gelangt so auf leicht abschüssiger Strecke federleicht direkt ins Zentrum, wo es einige Einkehrmöglichkeiten gibt. Am Ende der Schlossstraße liegt halb links das eindrucksvolle **Schloss Rheinsberg**

Schloss Rheinsberg mit weitläufigem Park

mit dem dazugehörigen weitläufigen und teils naturbelassenen Park direkt am See. (Die zugewachsenen Laubengänge sind zum Verstecken spielen ideal!) Am Schlossplatz rechts und anschließend links über die Seestraße gelangt ihr alternativ zum Bootsanleger, wo die **Ausflugsschiffe** ablegen. Lasst euren Blick über den See schweifen, versorgt euch an einem der vielen Stände mit Fischbrötchen oder anderen Imbissfavoriten oder holt euch eine Eis-Zauberei in der nahen Kurt-Tucholsky-Straße.

Rheinsberg

Wandert man durch den Schlosspark der etwa 8000 Einwohner zählenden Kleinstadt, fühlt man sich in eine andere Zeit zurückversetzt. Friedrich der Große verbrachte hier große Teile seiner Jugend und Schloss Rheinsberg mit der malerischen Lage am Grienericksee gilt als Inspirationsquelle für das noch berühmtere Rokokoschloss Sanssouci, das der König später bei Potsdam erbauen ließ. Außersem setzten sowohl Theodor Fontane als auch Kurt Tucholsky der Stadt ein literarisches Denkmal. Das Kurt-Tucholsky-Literaturmuseum befindet sich ebenfalls im Schlosskomplex.

Die idyllische Atmosphäre wissen aber auch heutige Zeitgenossen zu schätzen, darunter viele, die mit dem Motorrad unterwegs sind. So kann es an Wochenenden mit schönem Wetter im Ort ziemlich voll werden.

km 24–25 Vom Schloss zum Bahnhof Rheinsberg

Zum Bahnhof gelangt ihr am sichersten über die Mühlenstraße. Biegt dazu vorm Schloss links ab. Nach ein paar Kurven verlasst ihr diese Straße erneut nach links auf die Lindenallee. Bald biegt ihr ein letztes Mal links ab in die Straße Alter Bahndamm und gelangt so zum Bahnhof. Der Zugang zum Gleis befindet sich allerdings auf der anderen Seite, sodass ihr bis auf die Berliner Straße fahren müsst und dann nach wenigen Metern rechts den Eingang zum Bahnhof findet.

Welches Tier lebte vor 250 Jahren auf Gut Zernikow?

Es ist ein sehr kleines Tier, und für ein Stück Stoff verliert es sein Leben – was ist das?

Der Seidenspinner. Ein Schmetterling, der vor 5000 Jahren in China als Nutztier domestiziert wurde. Denn seine Raupen produzieren Seide. Lange haben die Chinesen geheim gehalten, wie dieser kostbare Stoff hergestellt wird. Lange haben sie Seide sehr teuer verkauft. Aber das Wissen verbreitete sich trotzdem – und damit auch die Seidenraupen. Auch der preußische König Friedrich Wilhelm I. wollte mitmachen. Von den französischen protestantischen Flüchtlingen, die in Preußen ein neues Zuhause fanden, lernte er das Geheimnis. Dann ließ er Seidenspinner züchten und Millionen von Maulbeerbäumen pflanzen, denn deren Blätter dienen den Raupen als Nahrung. Und genau wie die Raupe Nimmersatt fressen sie und fressen – aber NUR Blätter von Maulbeerbäumen. Deswegen wurden so viele davon gepflanzt, auch auf Gut Zernikow. Der Gutsherr Fredersdorff legte 1751 eine Plantage mit angeblich 8000 Maulbeerbäumen an.

Eine Raupe ist nach wenigen Wochen lang und fett geworden. Dann spinnt sie einen feinen Faden und wickelt sich darin ein. Dieser feine, feste Faden der Raupe, der etwa einen Kilometer lang ist, der ist aus Seide. Wenn der Schmetterling schlüpft, zerstört er den Faden – daher werden die Kokons vorher abgekocht und dann der Faden vorsichtig abgewickelt. Für ein T-Shirt aus Seide müssen rund 500 Tiere sterben.

Die lokale Seidenproduktion war nicht erfolgreich und verschwand wieder aus Brandenburg. Was geblieben ist, ist die schöne Allee in Zernikow mit etwa 70 uralten, knorrigen Maulbeerbäumen.

A

B

C

D

E

F

G

H

J

K

Liebe Leserinnen und Leser,
alle Angaben in diesem Wanderführer sind gewissenhaft geprüft. Trotz gründlicher Recherche können sich manchmal Fehler einschleichen. Wir bitten um Verständnis, dass der Verlag dafür keine Haftung übernehmen kann. Über Hinweise, Berichtigungen und Ergänzungsvorschläge freuen wir uns jederzeit!

Verlagsanschrift
via reise verlag
Lehderstraße 16–19
13086 Berlin
post@viareise.de
www.viareise.de

© via reise verlag Klaus Scheddel
1. Auflage, Berlin 2022
Alle Rechte vorbehalten.
ISBN 978-3-949138-14-0

Text & Recherche
Florian Amon, Pavla Nejezchleba

Redaktion
Nelly Möller

Herstellung & Gestaltung
Annelie Krupicka (via reise verlag)

Umschlag-Gestaltung
Nino Arndt, Berlin

Kartografie
Annelie Krupicka, Katharina Arlt (via reise verlag)

Druck
Druckhaus Sportflieger, Berlin

FSC www.fsc.org MIX Papier aus verantwortungsvollen Quellen FSC® C104586

Literaturnachweis
Zitat auf S. 115: Brecht, Bertolt: Ein Kinderbuch. Aufbau-Verlag, Berlin 2006, S.59
Zitat auf S. 179: Fontane, Theodor: Gedichte. J. G. Cotta'sche Buchhandlung Nachfolger, 10. Auflage, Stuttgart und Berlin 1905, S. 318–319

Fotos
Florian Amon, außer:
Pavla Nejezchleba 1, 7, 8, 12, 17, 25, 64, 82, 92, 132, 139, 140, 142, 146, 164, 165, 168, 169, 170; Martin Nejezchleba 28, 62, 65, 68, 70, 75, 97, 99, 145, 147; Romy Deerberg 90, 128, 182; Katherine Molter 137, 161; gemeinfrei 19, 43, 59, 73, 115, 118, 163, 171 (Heinrich Deiters, Sonntagsspaziergang), 189; André Franke/stock.adobe.com 155; ArTo/stock.adobe.com 91, 113, 174; Chmee2 Valtameri/Isunnguata Sermia in summer 2010 (5)/CC BY 3.0/bearb. 27; Comofoto/stock.adobe.com 172; Cornelia Pithart/stock.adobe.com 83; diyanadimitrova/stock.adobe.com 131; Escalera, Clara 51; Hanß, Natalie 46, 56; Ina Meer Sommer/stock.adobe.com 44; Johannsen, Janina 52, 58; luise/pixelio.de 179; Martin/stock.adobe.com 123; ©Ole Bader 33; P.Palej/stock.adobe.com 60, 67; privat 5; RiadSeif/Shutterstock.com 35; Sina Ettmer/stock.adobe.com 148, 153; Scheddel, Klaus 14, 50, 80, 96, 107; Wiebrecht, Ulrike 41

Umschlagfoto vorn
Auf dem Wuhletalweg (Berlin) (Martin Nejezchleba)

Umschlagfoto hinten
Radweg bei Neuhausen (bei Cottbus) (Pavla Nejezchleba)

Foto Umschlagklappe vorn
Kurz vor Müncheberg (Florian Amon)